AF554308

DISCOURS

Prononcés les 21, 22, 23 et 24 Novembre 1891

DANS LA CHAPELLE DES CARMÉLITES-DÉCHAUSSÉES

DE LAVAL

PAR

LE T. R. PÈRE GARAUD

DE L'ORDRE DES FRÈRES-PRÊCHEURS

A L'OCCASION DU TROISIÈME CENTENAIRE

DE LA MORT DE SAINT JEAN DE LA CROIX

LAVAL

CHAILLAND, IMPRIMEUR-LIBRAIRE DE L'ÉVÊCHÉ

2, rue des Béliers (... des Arts)

TROISIÈME CENTENAIRE

DE LA MORT DE SAINT JEAN DE LA CROIX

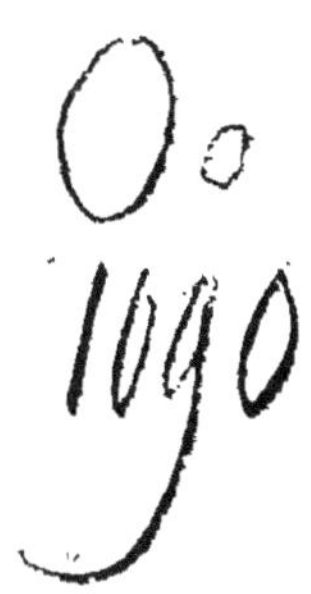

DISCOURS

Prononcés les 21, 22, 23 et 24 Novembre 1891

DANS LA CHAPELLE DES CARMÉLITES-DÉCHAUSSÉES

DE LAVAL

PAR

LE T. R. PÈRE GARAUD

DE L'ORDRE DES FRÈRES-PRÊCHEURS

A L'OCCASION DU TROISIÈME CENTENAIRE

DE LA MORT DE SAINT JEAN DE LA CROIX

LAVAL

CHAILLAND, IMPRIMEUR-LIBRAIRE DE L'ÉVÊCHÉ

2, rue des Béliers (place des Arts).

IMPRIMATUR :

Fr. ETIENNE GALLAIS, des Frères-Prêcheurs,

Provincial de la Province de Toulouse.

14 Décembre 1891.

PREMIER DISCOURS

LE RELIGIEUX. — SA VIE CACHÉE

PREMIER DISCOURS

Le Religieux. — Sa vie cachée.

Proficiebat sapientia et ætate et gratia apud Deum et homines. Il croissait en sagesse, en âge et en grâce devant Dieu et devant les hommes. (S. Luc, II, 52.)

MONSEIGNEUR (1),
MES RÉVÉRENDES MÈRES,
MES FRÈRES,

Le Fils de Dieu fait homme étant nécessairement le modèle de toutes les vertus et l'idéal de cette perfection morale suprême qui s'appelle la sainteté, pour savoir à quel degré une âme a été vertueuse et sainte, on n'a qu'à la comparer à ce Maître adorable. Or, quand on fait par la pensée cette comparaison, il est rare de

(1) Sa Grandeur Monseigneur Cléret, Evêque de Laval.

rencontrer une parfaite ressemblance. Tous les Saints sont l'image de Jésus-Christ et chacun porte au front, comme une étoile d'or, une flamme qui rappelle le Sauveur du monde, mais il en est bien peu dont l'auréole reproduise et fasse éclater aux regards toutes les splendeurs de l'auréole du Christ. Il y a cependant dans l'Eglise de Dieu des âmes qui semblent avoir été prédestinées à cette gloire souveraine, et, parmi celles-là, il y en a une que vos lèvres et vos cœurs nomment tout haut aujourd'hui, c'est saint Jean de la Croix.

Saint Jean de la Croix fut, en effet, un de ces Saints incomparables, prédestinés à être aux yeux des anges et des hommes des copies radieuses du Christ Jésus, et c'est pourquoi tout ce que je vous dirai de lui pendant ces jours de fête, je puis le résumer déjà dans cette parole des saints Livres : *Assimilatus Filio Dei,* il s'est trouvé semblable au Fils de Dieu.

Le rapprochement, mes Frères, n'est pas nouveau. Il a été fait au lendemain même de la mort de saint Jean de la Croix, et il a été fait tout récemment encore, depuis que la grande voix de Léon XIII a ouvert glorieusement l'ère de ce troisième Centenaire. Je ne m'en étonne pas et je m'en réjouis. Je ne m'en étonne pas, tant ce rapprochement est naturel; et je m'en réjouis, car cela prouve que le terrain sur lequel nous entrons est un terrain solide et sûr. Du reste, le champ est assez vaste pour qu'il nous soit possible, en passant là où d'autres ont passé, de recueillir encore quelques épis d'or, et d'en faire une petite gerbe que nous déposerons avec amour aux pieds de Dieu et de Notre-Dame du Mont-Carmel.

La première chose dont on est frappé quand on étudie la vie du divin Maître, c'est le temps considérable qu'il a donné au silence et au recueillement dans l'humble et austère solitude de Nazareth. Cette première vie, que les docteurs de l'Eglise ont justement appelée la vie cachée de Jésus-Christ, a duré trente ans. Et qu'a-t-il fait pendant ces trente ans le Rédempteur du monde? Deux choses seulement, mais deux choses admirables pour qui sait les comprendre : il s'est détaché et il s'est attaché; il s'est détaché de tout ce qui n'était pas son Père céleste, et il s'est attaché à Lui seul. Il s'est détaché de tout ce qui n'était pas son Père céleste, par la pratique constante des trois vertus qui sont les vertus du détachement et de la délivrance : la pauvreté, la chasteté et l'obéissance, et il s'est attaché à son Père par les deux grandes puissances de l'élévation et de l'union : la prière et l'amour.

Pauvreté, chasteté, obéissance d'une part, prière et amour de l'autre, voilà, mes Frères, toute la vie cachée de notre divin Maître; eh bien, voilà aussi toute la première vie, toute la vie cachée de saint Jean de la Croix.

Né à Fontibère, au centre d'une des plus belles et des plus illustres contrées de l'Espagne, de Gonzalve de Yepez et de Catherine Alvarez, il semblait destiné à vivre dans la richesse, dans le plaisir et dans l'honneur. Il n'en fut pas ainsi. Dieu, qui l'avait élu entre tous pour de grandes choses, lui prépara les voies en enlevant à sa famille les biens de la terre. Quand il naquit, son père et sa mère, sans rien perdre de la distinction de leur race, gagnaient leur vie en tissant la soie et la laine. Le foyer où il avait vu le jour était donc un atelier vulgaire, et le spectacle qui s'offrit le premier aux yeux de l'enfant, fut celui-là même qui s'était offert aux yeux du Sauveur du monde dans la petite maison de Nazareth. Comme son divin Maître d'ailleurs, Jean de Yepez comprit les avantages de cet état d'indigence et de travail, et, à son exemple, il en profita pour détacher son âme de toutes les choses qui passent et pour la donner à Dieu seul. La pauvreté que Dieu lui avait faite, il l'embrassa à plein cœur et, dès que ses mains purent agir, il s'unit volontiers à l'œuvre laborieuse de son père et de sa mère, ou plutôt de sa mère seulement, car son père mourut tout à coup, quand il était encore tout jeune, ce qui doubla la pauvreté de la maison et l'amour de la pauvreté dans l'âme de cet enfant prédestiné à tant de merveilles.

Il comprit du reste, en grandissant, qu'il ne suffisait pas de se détacher de la terre par la pauvreté, mais qu'il fallait aussi et en même temps se détacher de son corps par la pureté. Celle qui s'appelle à la fois la Reine des vierges et la Reine des anges voulut bien se charger elle-même de lui révéler et de lui apprendre cette vertu céleste. Un jour que l'enfant de Catherine Alvarez, jouant avec ses camarades, était tombé au fond d'un puits, on fut fort étonné de le trouver flottant sur l'eau et souriant dans une sérénité parfaite. On lui demanda par quel prodige il avait échappé à la mort. Il répondit qu'au moment où il était tombé, une Dame d'une merveilleuse beauté lui était apparue, avait étendu son manteau et l'avait enveloppé doucement dans les plis de ce vêtement resplendissant comme elle. C'était Marie qui était venue à son secours et lui avait fait un refuge dans ce manteau virginal qui tant de fois avait enveloppé l'Enfant-Dieu. En même temps elle l'avait couvert d'un regard ineffable, que Jean ne devait plus oublier. Cette vision et cette protection restèrent toujours présentes à son esprit et à son cœur, et il y puisa le secret de cette blancheur sans tache que Marie engendre dans toutes les âmes qu'elle daigne toucher de son amour.

Que restait-il à faire, mes Frères, au protégé de Marie, pour arriver au détachement parfait, autant du moins qu'on peut y arriver à cette première heure de la vie ? Il lui restait à se détacher de son âme, de son esprit, de son jugement et de sa volonté par l'obéissance. C'est ce qu'il fit instinctivement d'abord, avec son plein raisonnement ensuite, soit auprès de sa mère, qu'il vénérait, soit auprès des maîtres que sa mère lui donna ; et il le fit si bien que toute sa jeunesse peut se résumer par le mot qui résume dans l'Evangile toute la jeunesse du Fils de Dieu : *Et erat subditus illis*, il leur était soumis. Je vous l'ai dit, c'était à sa Mère d'abord, à la douce et pieuse Catherine de Yepez, qui avait ajouté à son autorité l'autorité paternelle et qui était ainsi à ses yeux deux fois l'image de Dieu, que l'enfant obéissait sans résistance, sans hésitation aucune, avec une docilité aveugle et affectueuse. Ce fut ensuite à ses maîtres, à ses supérieurs et à ceux de ses parents qui l'aidèrent de leurs conseils ou de leur fortune, et cela au point qu'on admirait cette obéissance sans réserve et sans effort, qui semblait être un bonheur goûté, plutôt qu'un devoir accompli.

Pauvre, chaste, obéissant comme son divin Maître, Jean grandissait en grâce et en sagesse comme le Fils de Marie : *Proficiebat sapientia, ætate et gratia*, et parce que, pour grandir véritablement en sagesse et en grâce, il ne suffit pas de se détacher de ce qui n'est pas Dieu, mais qu'il est aussi et surtout nécessaire de s'attacher à Dieu, il s'attachait à Dieu par la prière et par l'amour.

Et d'abord, par la prière. La prière ! il l'entendit chanter sur les lèvres de sa mère ; dès que ses yeux s'ouvrirent au jour, il la vit se dérouler dans ses mains sous la forme gracieuse et bénite du Rosaire et il en comprit bien vite la nécessité et la grandeur. Il comprit ce que les Saints ont dit et redit cent fois, que prier c'est vivre, et que bien prier c'est bien vivre, et il se fit une douce habitude de ce commerce intime de son âme avec Dieu. « Il recourait à » l'oraison, nous raconte un de ses premiers » historiens, comme à une école du ciel où le » souverain Maître inondait son intelligence » de lumière et entraînait sa volonté à pour- » suivre ce qui est éternel, à mépriser ce qui » ne dure qu'un jour, à connaître et à sentir » la ravissante beauté de la vertu et la diffor- » mité hideuse du vice. » C'était déjà, vous le voyez, plus qu'un recueillement de l'esprit et du cœur, c'était le commencement de l'union, de l'union la plus intime et la plus profonde avec Dieu. La prière lui avait révélé cette Beauté suprême, dont toutes les beautés de la terre ne sont que le rayon, j'allais dire l'ombre, et le cœur virginal de l'enfant était entré dans une sorte d'extase d'où il ne devait plus sortir. Ce qui ajoutait d'ailleurs à ce vol de sa pensée, à ce ravissement de son cœur, c'est qu'il ne voyait pas seulement Dieu en lui-même, il le voyait dans toutes les créatures et surtout dans les âmes. Quand il fut admis, à l'âge de treize ans, à partager avec le noble Alphonse Alvarez l'administration de l'hôpital de Medina-del-Campo, on le vit se livrer au soin des malades et des malheureux avant tant d'empressement, tant de zèle, tant de tendresse et tant de bonheur, qu'on s'en étonnait profondément. On ne songeait pas qu'il avait eu déjà, dans le recueillement et l'élévation de la prière, la révélation du grand mystère de la charité. On ne songeait pas qu'il voyait dans les corps souffrants et dans les âmes gémissantes de ces pauvres abandonnés, quelque chose de plus grand que tout ce qui apparaît de l'homme aux regards ordinaires. Il comprenait que le Fils de Dieu, nous ayant touchés de son être et de sa beauté, avait dû nous laisser quelque chose de sa physionomie divine, et cette physionomie divine il la voyait rayonner à travers ces visages humains. Ces yeux qui le regardaient, c'étaient les yeux du Christ; ces lèvres qui lui parlaient, c'étaient les lèvres du Christ; ces mains qui se tendaient vers lui, c'étaient les mains du Christ; ces plaies qui s'étalaient douloureusement devant lui, c'étaient les plaies dont le Christ avait été couvert des pieds à la tête, et c'est là, mes Frères, ce qui faisait de sa charité une sorte d'extase, un souffle véhément et brûlant, qui soulevait son âme au-dessus de la terre et l'emportait au ciel.

Cette ascension progressive dans la prière et dans l'amour aboutit, mes Frères, où elle devait aboutir, à une rencontre plus intime entre Dieu et cette âme d'élite, à une grâce extraordinaire qui devait être la confirmation de tout ce qui avait précédé, et le prélude de tout ce qui allait suivre. Un jour que le pieux jeune homme était en prière et suppliait Dieu, avec une ferveur angélique, de lui montrer la voie dans laquelle il devait entrer pour lui plaire, s'abandonnant entièrement à son adorable volonté selon la parole du Psalmiste : *In manibus tuis sortes meæ,* Dieu lui répondit au fond de son âme et lui dit : « Tu me serviras » dans un Ordre religieux, dont tu aideras à » relever la perfection primitive. » Le jeune homme fut bouleversé tout d'abord de cette réponse. Servir Dieu dans l'état religieux, cela lui paraissait possible et répondait même aux vœux de son cœur; mais aider à relever la perfection primitive d'un Ordre, cela effrayait et déconcertait absolument son humilité. Son âme était cependant trop droite et trop haute pour hésiter et pour discuter devant une parole de Dieu. Ce qu'il en comprenait était suffisant pour le moment et il songea aussitôt à l'exécuter. L'Ordre illustre des Carmes venait de fonder un Couvent à Medina. Il demanda à y entrer, poussé par la grâce et attiré par le culte de Marie, si ancien et si touchant dans les couvents du Carmel. Il fut reçu avec empressement. Quelques jours après il prit l'habit de la Très Sainte Vierge, avec une joie qui débordait de son cœur, et, sur son désir, on lui donna le nom de Jean de Saint-Mathias, qu'il devait garder jusqu'au jour où sa véritable mission en ce monde lui fut révélée par le ciel.

Trois ans plus tard, il faisait sa profession dans ce même Couvent de Sainte-Anne de Medina-del-Campo. C'était l'an 1564, et le Saint avait vingt-deux ans.

Je dis le Saint, car il l'était déjà, mes Frères, dans toute la plénitude du sens de ce mot. Il avait ajouté, en effet, la perfection de la vie religieuse à la perfection de la vie chrétienne, ou, pour parler plus exactement, il avait transformé sa vie chrétienne parfaite en vie religieuse parfaite. La vie religieuse, en réalité, n'est pas autre chose que la vie chrétienne portée à un plus haut degré. Il s'agit toujours de se détacher et de s'attacher, de se détacher par la pauvreté, la chasteté et l'obéissance, et de s'attacher par la prière et par l'amour; mais toutes ces vertus acquièrent une plus large étendue et un caractère plus éclatant. La pauvreté devient le vœu de pauvreté, la chasteté devient le vœu de chasteté, l'obéissance devient le vœu d'obéissance; la prière et l'amour deviennent un état de prière et d'amour, et la vie humaine, qui n'était que la pratique des préceptes, devient à la fois la pratique des préceptes et des conseils. On n'a point quitté la terre, mais on la domine; on était au pied de la Croix avec Jean et Madeleine; on est et on vit sur la Croix avec Jésus-Christ.

C'est ainsi que le comprenait celui qu'on appelait désormais Frère Jean de Saint-Mathias, et ce qu'il comprit, il l'accomplit avec plénitude, sans réserve et sans restriction. Il avait remarqué durant les épreuves de son Noviciat que la Règle du Carmel ne se pratiquait point telle qu'elle avait été conçue et rédigée dans le principe. Il chercha donc un exemplaire de cette Règle primitive; il le trouva et l'idéal de la vie religieuse lui apparut dans toute sa splendeur. Ce fut une sorte d'enivrement dont il ne revint pas.

L'idéal de la pauvreté religieuse, c'est de se détacher des biens de la terre par le corps, par le cœur et par l'esprit. Il se détacha des biens de la terre par le corps, en n'usant des choses sensibles que dans la mesure de la plus stricte nécessité; par le cœur, en ne donnant plus à ces biens terrestres l'ombre d'une affection; par l'esprit enfin, en n'y pensant même pas et en vivant au milieu de ces choses éphémères absolument comme si elles n'avaient point existé.

L'idéal de la chasteté religieuse, c'est d'abord de se détacher de tout ce qui est souillure pour s'attacher à ce qui est pur; c'est ensuite de se détacher de tout ce qui est créature pour s'attacher uniquement à Dieu. Cette double chasteté du corps et de l'âme, cette virginité de la pureté et cette virginité de la charité, il les pratiqua d'une manière ineffable et il réalisa ainsi dans son être et dans sa vie cette belle parole d'un

Sage : « Plus un corps ressemble à une âme, et » plus une âme ressemble à Dieu, plus tout cela » est beau et parfait. »

L'idéal de l'obéissance consiste à se soumettre à la volonté de Dieu et à une volonté supérieure qui remplace celle de Dieu, par le jugement, par la volonté et par les actes, et tout cela sous l'impulsion même de l'Esprit de Dieu. Cette obéissance, il la pratiqua aussi d'une manière parfaite, faisant tout ce qui lui était commandé à la lettre, le faisant sans aucune résistance et sans aucune hésitation, le faisant sans jamais discuter l'opportunité de l'ordre qui lui était donné, le faisant enfin d'une manière absolument surnaturelle, voyant Dieu en tout et partout, et en réalité lui obéissant à lui-même à travers la volonté de ceux qui lui commandaient, à ce point qu'il pouvait placer sur ses lèvres la parole du divin Maître : *Cibus meus est ut faciam voluntatem ejus qui misit me, ut perficiam opus ejus.* (Jean, IV, 34.)

C'est ainsi, mes Frères, que le nouvel enfant du Carmel atteignait le sommet suprême des vertus qui détachent de la terre : la pauvreté, la chasteté et l'obéissance, et en même temps, il atteignait le degré suprême des vertus qui élèvent vers le ciel et qui unissent à Dieu : la prière et l'amour.

La prière, il l'avait comprise et pratiquée dès les premiers jours de sa vie, nous l'avons dit déjà. Mais il l'avait comprise comme on la comprend et comme on la pratique dans la vie chrétienne ordinaire. Il l'avait surtout considérée comme une demande et, dans cette demande, il avait mis tout ce qu'une âme chrétienne peut et doit mettre de saintes dispositions : l'attention, l'humilité, la confiance, la ferveur, la persévérance. Mais quand il se trouva sur les hauteurs du Carmel, sur les sommets radieux de cette montagne qui est par excellence la montagne de la prière, la prière se révéla à lui sous des formes bien autrement admirables.

Il comprit que la prière était une élévation de l'esprit et du cœur vers Dieu, selon la belle définition de saint Augustin : *Elevatio mentis ad Deum,* et ce fut pour lui une béatitude de déployer ses ailes, de traverser tous les mondes et d'aller se jeter sur le Cœur de Dieu, comme un enfant sur le cœur de son père et de sa mère. Il comprit que la prière était une respiration divine, selon la parole plus belle encore de saint Ambroise : *Oratio respiratio divina,* et ce fut pour lui une béatitude d'accomplir ainsi nuit et jour, par l'âme, dans l'ordre spirituel, l'acte vital que nuit et jour nous accomplissons, par notre poitrine, dans l'ordre physique : aspirer et respirer Dieu dans un souffle qui est le sien et le nôtre, et, par conséquent, sa vie et notre vie, sa grandeur et notre grandeur.

Il comprit enfin que la prière était une acclamation d'amour, l'hymne extatique du cœur de l'homme faisant remonter au Cœur de Dieu l'amour que le Cœur de Dieu a jeté à travers les mondes, quand il les a fait jaillir du néant, et c'était pour lui une béatitude de jeter sa voix dans ce concert magnifique que chante la création tout entière, en affirmant la puissance et en racontant la gloire du Créateur; c'était pour lui une béatitude de faire, en union avec le Christ, ce que le Christ fit sur la croix, lorsque, rassemblant dans un élan suprême toutes les louanges des hommes et toutes les louanges des anges et les élevant à la hauteur de son cœur, il jeta vers son Père ce cri dont parle l'apôtre saint Paul : *Cum clamore valido,* un cri d'amour assez large, assez haut, assez profond, assez vibrant, assez brûlant, assez puissant pour aller, par delà tous les mondes, éclater comme un hosanna de gloire dans les splendeurs du sein de Dieu.

C'était là, mes Frères, la prière de saint Jean de la Croix, et vous dire ce qu'était sa prière, c'est vous dire ce qu'était son amour. L'amour, d'après l'Ange de l'Ecole, consiste en trois choses : à se rapprocher, à s'unir et à se donner. A se rapprocher par un mouvement de sympathie réciproque, à s'unir dans une bienveillance mutuelle, et à se donner par une mutuelle communication des biens. Or, ce mystère d'amour s'ouvrit tout entier aux yeux de l'élu du Carmel et il s'y jeta sans réserve. A l'attrait de Dieu qui l'attirait, il répondit par tout l'élan de son âme; à la volonté de Dieu qui voulait son bien, c'est-à-dire sa sainteté, il répondit par une volonté qui ne voulait que le bien de Dieu, c'est-à-dire l'accomplissement de sa gloire; et enfin au don total de Dieu, il répondit par un don total de son être et de sa vie. Il pouvait dire comme saint Augustin : *Amor meus pondus meum,* mon amour c'est mon poids, et il pouvait ajouter : Mon amour étant divin, mon amour est un poids qui m'emporte vers Dieu. Et, en effet, mes Frères, son amour l'emportait vers Dieu avec suavité, mais avec force; avec une suavité qui laissait goûter à son âme toutes les douceurs de la paix, mais avec une force qui ne connaissait point d'obstacle, car c'était celle dont il est écrit qu'elle triomphe de tout, même de la mort : *Fortis ut mors dilectio.*

Avez-vous remarqué quelquefois ces grands fleuves qui, nés dans les glaciers éternels et grossis de tous les torrents des montagnes, entrent impétueusement et majestueusement dans le lit qu'ils se sont creusé peu à peu dans le sable des plaines? Il semble qu'il y a une âme, une âme vivante, dans ces flots écumants qui se poussent les uns les autres comme pour accélérer leur cours. Pas une goutte ne se détourne, pas une ne revient en arrière. Si le soleil en absorbe quelque chose, si la terre y puise de quoi se désaltérer, c'est comme un larcin fait au fleuve, mais, autant qu'il dépend de lui, il s'abandonne tout entier à sa pente. Bien plus, il s'empare de toutes les eaux qu'il rencontre sur sa route, il les fait siennes et il marche toujours de plus en plus large, de plus en plus profond, jusqu'au point où il se jette pour jamais dans l'abîme sans fond des mers. C'est là, mes Frères, l'image des Saints, l'image de la vie des Saints, et c'est là, en particulier, l'image de saint Jean de la Croix. Un courant impétueux s'était formé par l'amour dans son âme et ce courant l'emportait tout entier; ses pensées, ses sentiments, ses travaux, ses luttes, ses joies, ses tristesses, tout entrait dans ce fleuve de vie, et le fleuve marchait fort et doux, entraînant tout sur son passage, grossissant sans cesse et attendant l'heure bienheureuse où il s'abîmerait pour jamais dans le sein de Dieu.

C'est vous dire, mes Frères, que rien ne manquait à cette âme sublime de ce qui constitue cette perfection morale suprême qui s'appelle la sainteté. Le jour où, âgé de vingt-cinq ans, il gravit pour la première fois les marches de l'autel, à ce moment solennel où, de son âme transportée au-dessus de la terre, montèrent vers le ciel tous ces gémissements inénarrables que l'Esprit-Saint produit en nous, il ne lui restait qu'un désir à exprimer et il ne restait à Dieu qu'une grâce à lui faire. Il demanda à Dieu, au nom de cette hostie qu'il tenait dans ses mains, de lui rendre le péché impossible et de lui donner une âme à jamais immaculée, et Dieu l'exauça. Une voix qui semblait venir des profondeurs du Cœur de Jésus lui fit entendre distinctement ces paroles : « Je » t'accorde ce que tu demandes. » C'en était donc fait, mes Frères, le Saint était confirmé dans la grâce; une union plus intime que toutes celles qui avaient précédé, une union indissoluble s'était faite entre Dieu et son fidèle disciple. Il pouvait se lever comme l'apôtre saint Paul et s'écrier comme lui dans l'enthousiasme de son royal amour : « Qui me séparera » de la charité de Jésus-Christ? » *Quis me separabit a charitate Christi?* Ni la faim, ni la soif, ni la nudité, ni l'angoisse de l'âme, ni le glaive des hommes ne sauraient m'ébranler; je défie, dans la souveraine puissance qui me fortifie, toutes les forces du ciel et de la terre; rien, jamais rien ne m'arrachera aux embrassements de mon Dieu.

S'il fût mort à cette heure, mes Frères, on aurait pu écrire sur la pierre de son tombeau ces paroles célèbres de sainte Thérèse : « Le » Père Jean de la Croix était une des âmes les » plus pures et les plus belles qu'il y eût dans » l'Eglise de Dieu. Dieu avait versé en lui d'in» comparables trésors de lumière, de pureté et » d'une sagesse toute céleste, et, autant qu'il » m'est permis de le dire, je crois qu'il fut par» faitement saint toute sa vie. »

Il ne mourut point à cette heure, mes Frères,

et, par suite, et pour dire toute la vérité, nous sommes obligés d'aller plus loin que sainte Thérèse. Nous avons vu comment il fut saint, nous verrons maintenant comment il sanctifia les autres et comment, semblable à Jésus-Christ dans sa vie cachée, il lui fut semblable encore dans sa vie publique. Ce sera un nouveau moyen de nous édifier et un nouveau motif d'admirer les merveilles qu'il plaît à Dieu d'accomplir sur la terre, une raison nouvelle de chanter le cantique du Prophète que nous pouvons déjà entonner aujourd'hui : « Dieu est » admirable dans ses saints, » *Mirabilis Deus in sanctis suis. Amen.*

DEUXIÈME DISCOURS

L'APOTRE. — SA VIE DOCTRINALE

DEUXIÈME DISCOURS

L'Apôtre. — Sa vie doctrinale.

> *Pertransiit benefaciendo.* Il a passé sur la terre en faisant le bien. (Act. Apost., x, 38.)

MONSEIGNEUR,
MES RÉVÉRENDES MÈRES,
MES FRÈRES,

Le Père Jean de Saint-Mathias — c'est ainsi que s'appelait encore le Saint dont nous faisons l'éloge, — était rentré à Salamanque après avoir chanté sa première Messe au Couvent de Sainte-Anne de Medina-del-Campo, lorsque son âme se sentit envahie tout à coup par une idée étrange. Il pensa que l'Ordre du Carmel où il était entré, n'était pas un théâtre favorable pour pratiquer la perfection religieuse telle qu'il l'avait conçue, et, regardant dans l'Eglise de Dieu, il chercha une Religion plus parfaite, un Ordre qui eût conservé toute sa ferveur primitive et où il lui fût possible de ne plus s'occuper que de Dieu et de son âme. L'Ordre de saint Bruno lui sembla préférable à tous les autres, et il demanda, en conséquence, la permission de revenir à Medina dire adieu à sa famille, avant de s'ensevelir dans une des innombrables Chartreuses que l'Eglise avait semées par tout l'univers. Etait-ce, mes Frères, une tentation de Satan? était-ce, au contraire, une impulsion de l'Esprit de Dieu? Tout fait croire que c'était l'Esprit de Dieu lui-même qui poussait l'enfant du Carmel au désert. Mais il plaît quelquefois à l'Esprit de Dieu qui souffle où il veut : *Ubi vult spirat,* et qui change quand il le veut la direction de son souffle, de se laisser vaincre par la prière des âmes, et en particulier de ces âmes d'élite qui semblent régner sur le Cœur de Dieu. Quand celui qui devait être saint Jean de la Croix arriva à Medina avec l'intention de réaliser ses nouveaux desseins, il se heurta tout à coup à une résistance dont on pouvait dire ce que l'on a dit de Marie, que c'était une toute-puissance suppliante, *Omnipotentia supplex.* On avait parlé de lui à Thérèse de Jésus, alors tout enflammée pour la réforme du Carmel, et la Sainte avait compris, par une lumière surnaturelle peut-être, que ce jeune homme avide de perfection était l'auxiliaire qu'elle attendait pour l'accomplissement de cette œuvre qui lui tenait tant à cœur. Elle demanda à le voir. Elle passa en prières et en larmes toute la nuit qui précéda l'entrevue, et le lendemain, quand le jeune Religieux se présenta à elle et lui fit part de ses projets à venir, elle trouva dans sa grande âme, pour l'arrêter et pour l'amener à elle, ce cri de suprême éloquence auquel on ne résiste pas. Il promit de garder l'habit du Carmel et de travailler, dans toute la mesure de ses forces, à la gloire de cet Ordre illustre dont Marie était la Mère, et dont la résurrection ou du moins la transformation commençait.

Dès lors s'ouvrit pour le Saint une nouvelle vie, que nous pouvons appeler sa vie doctrinale, et dans laquelle il fut de nouveau semblable au Fils de Dieu : *Assimilatus Filio Dei*. La grande mission du Fils de Dieu devenu le frère des hommes c'était, mes Frères, d'enseigner. « Il est » la lumière qui révèlera la vérité aux nations » *Lumen ad revelationem gentium,* chantait le vieillard Siméon dans l'enceinte du temple de Jérusalem. « Ne savez-vous pas que je dois tra- » vailler à la gloire de mon Père? » disait-il lui-même à Marie quand, l'ayant perdu, elle le retrouva. Et que faisait-il en ce moment où il avouait lui-même qu'il travaillait à la gloire de son Père? Il enseignait. Il était au milieu des Docteurs et il les confondait par la sagesse et la sublimité de ses réponses : *Stupebant super prudentia et responsis ejus.* Pour plaire à sa Mère et aussi pour des desseins cachés et adorables, il renonça bien pour un temps à cette mission de l'enseignement, mais un jour il devait la reprendre et l'accomplir avec éclat et avec plénitude.

Il y a, mes Frères, trois manières d'enseigner. Il y a un enseignement qui s'exerce dans une sphère intime et s'adresse à des âmes choisies, c'est l'enseignement du maître; il y a un enseignement qui s'exerce dans une sphère plus large et qui s'adresse aux foules, c'est l'enseignement de l'apôtre; il y a enfin un enseignement qui s'exerce dans une sphère plus large encore et qui s'adresse aux mondes et aux siècles, c'est l'enseignement du docteur. Ces trois sortes d'enseignement Jésus-Christ les exerça tour à tour. Il parla à des âmes choisies, à ses disciples et à ses amis, et pour eux il fut un maître; il parla aux foules de la Palestine, et pour elles il fut un apôtre; il parla enfin à toutes les âmes et à tous les siècles, en faisant dicter par son Esprit divin aux Evangélistes le résumé de ce qu'il avait dit et fait, et il fut le docteur des nations, la lumière du monde, comme il l'avait prédit lui-même : *Ego sum lux mundi.* Eh bien, mes Frères, ce triple enseignement fut aussi celui de saint Jean de la Croix. Lui aussi il fut maître, apôtre et docteur, à l'exemple du divin Sauveur.

Et d'abord il fut maître. Il commença, comme Jésus, à instruire sa mère, sa mère spirituelle, celle que les hommes et les anges devaient appeler à jamais le Séraphin du Carmel. Sainte Thérèse commença bien à instruire saint Jean de la Croix, comme Marie avait commencé à instruire son divin Fils; mais, de même que Marie se mit à la suite de Jésus et devint son premier et son plus avide disciple dès que s'ouvrit sa vie doctrinale et apostolique, de même sainte Thérèse se hâta de se soumettre aux lumières directrices de saint Jean de la Croix, dès que celui-ci entra dans cette voie nouvelle où il devait être lui aussi la lumière des nations : *Lumen ad revelationem gentium.* On peut donc affirmer que le premier disciple de saint Jean de la Croix ce fut sainte Thérèse elle-même. Puis ce magistère intime s'étendit peu à peu. Il s'étendit aux premiers Religieux du Carmel Réformé, aux premiers Novices surtout, qui formaient comme son collège apostolique; il s'étendit ensuite aux premières Religieuses de la Réforme, à ces âmes d'élite que Dieu donna à sainte Thérèse pour premières filles et qui rappellent à côté d'elle, dans la vie du Saint, ces créatures bénies, que la Tradition a appelées les saintes femmes, qui se trouvèrent à côté de Jésus et de Marie jusque sur le Calvaire, et qui plus tard aidèrent les Apôtres à fonder sur la terre le royaume de Dieu. Quant à la perfection de ce premier enseignement de saint Jean de la Croix, je n'en dirai qu'une seule chose, c'est qu'il ressemblait à celui du divin Maître lui-même. Il était fait de lumière, de sagesse, d'autorité, de patience et d'exemple. « C'est lui qui fut chargé d'ins- » truire les premiers Novices, raconte le plus » ancien et le meilleur peut-être de ses histo- » riens, le Père Jérôme de Saint-Joseph, et » Notre-Seigneur le voulut ainsi, afin que la » Réforme, qui n'existait pour ainsi dire qu'en » germe, reçût la véritable forme de la perfec- » tion primitive du Carmel des lèvres mêmes » du bienheureux Père, à qui la Divine Majesté » avait longtemps d'avance communiqué les » prémices de cet esprit. » C'est à Durvelo, le berceau de la Réforme, qu'il commença cet apostolat de formation religieuse. « Et c'était » merveille, ajoute le même historien, de voir » comment le bienheureux Père réglait les » entretiens avec Dieu, les heures de silence » et de solitude, les actes de mortification et » toutes les œuvres de la vie parfaite. Le Sei- » gneur lui avait donné une si vaste capacité, » un si profond discernement des esprits, une » telle autorité de doctrine et de parole que, » dès cette époque et plus tard, il remplit son » Ordre, et d'autres encore, d'âmes qui par leur » sublime contemplation étaient comme les » anges de la terre. »

Ces éloges, mes Frères, écrits presque au lendemain de la mort de saint Jean de la Croix, en disent plus que nous ne saurions en dire sur ce premier apostolat que Dieu lui avait confié. Mais cet apostolat ne devait pas tarder à être suivi d'un autre, de l'apostolat proprement dit, celui qui s'adresse aux foules pour les nourrir de ce pain de vie que Dieu a caché dans sa propre parole. Cet apostolat, que le divin Maître exerça avec tant de zèle et tant de patience à travers les bourgades et les champs de la Palestine, est un apostolat difficile. S'il est nécessaire, en effet, d'avoir beaucoup de qualités et beaucoup de grâces pour instruire et pour élever vers Dieu des âmes d'élite, il en faut de plus grandes encore pour éclairer les foules, pour les remuer, pour les arracher aux chaînes de l'erreur et du vice et pour les jeter pures et libres entre les bras de Jésus-Christ. L'apostolat suppose une foi profonde, une prière habituelle, un travail continuel, un zèle infatigable, une onction persuasive et pénétrante, et par dessus tout cette pleine possession de soi-même dans la patience, que Notre-Seigneur recommandait à ses Apôtres comme leur vertu par excellence : *In patientia vestra possidebitis animas vestras*. Toutes ces qualités, mes Frères, saint Jean de la Croix les possédait au suprême degré et voilà pourquoi, sans y avoir songé, il se trouva prêt pour l'apostolat, et il l'exerça immédiatement d'une manière incomparable. Arrivé au bourg de Durvelo et fixé avec ses premiers compagnons dans ce pauvre petit Monastère qu'il appelait un paradis de délices, il ne tarda pas à s'apercevoir que les populations environnantes étaient plongées dans l'ignorance et dans le désordre. Aussitôt son cœur s'émut, une flamme divine embrasa son âme et le sublime contemplatif devint un sublime missionnaire. Sainte Thérèse, que l'amour du salut des âmes dévorait et qui, comme elle l'affirme elle-même dans le livre des Fondations, avait envoyé là les premiers Carmes de la Réforme, Jean de la Croix et Antoine de Jésus, à raison même de l'apostolat qu'ils pourraient et qu'ils devraient y exercer, se trouva dépassée dans ses espérances. « En peu de » temps, s'écrie-t-elle avec cet enthousiasme » divin qui était le sien et qui passe comme un » souffle du ciel dans toutes ses paroles, nos » deux missionnaires acquirent une grande ré» putation de sainteté, et je ne saurais dire la » joie que j'en éprouvais. Ils faisaient une lieue » et demie, souvent même deux lieues, pour » aller instruire ces pauvres villageois, mar» chant nu-pieds sur la neige et la glace, car ce » n'est que depuis qu'on les obligea à porter des » sandales. Ils passaient presque tout le jour à » prêcher et à confesser et ce n'était que vers le » soir, quand ils étaient de retour au Monastère, » qu'ils consentaient à prendre leur frugal » repas. Mais Dieu versait tant de joie dans leur » âme au milieu de ces travaux apostoliques, » qu'ils n'en ressentaient presque pas la fati» gue. »

Les premiers historiens de saint Jean de la Croix confirment ce récit de sainte Thérèse et ils y ajoutent des traits admirables, celui-ci par exemple : Un jour que le Saint venait de prêcher dans une église pauvre et de faire pleurer tout un peuple, il reprenait tranquillement la route de son Couvent, quand un serviteur du Pasteur de cette église courut à lui pour le supplier d'accepter au moins quelque nourriture. Le Saint refusa en disant : « Je ne travaille que pour Dieu » seul, mon frère, et je ne veux être ni remercié, » ni payé par les hommes. » Il méritait une récompense plus haute, en effet, et, en attendant de la recevoir de Dieu sous une autre forme, il la trouvait dans l'empressement et l'admiration de ces foules qui couraient à lui avides de l'entendre, et s'en revenaient émues, ravies, en s'écriant comme les foules juives sur les pas de notre divin Maître : « En vérité, jamais homme n'a » parlé comme cet homme, » *Nunquam sic locutus est homo sicut hic homo.*

C'est qu'en effet, mes Frères, cet homme ne parlait pas comme les hommes ordinaires, il parlait comme l'Homme unique, il parlait comme l'Homme-Dieu, et voilà pourquoi Dieu voulut donner à sa parole et à sa doctrine l'éclat et la gloire qu'il avait donnés à celle de son Fils incarné. Vous connaissez l'histoire de la doctrine du Christ : elle tomba dans l'âme de ses premiers disciples, elle s'y grava, elle s'y burina en quelque sorte, et, quand le monde racheté voulut la connaître, ces premiers disciples purent la traduire telle qu'elle était sortie des lèvres et du Cœur de notre divin Maître. Ce fut l'Evangile, la doctrine de la Bonne Nouvelle et, depuis dix-huit siècles, l'Evangile est le grand livre du monde. Eh bien, mes Frères, il s'est passé quelque chose d'analogue pour saint Jean de la Croix. Si sa parole n'eût été entendue que des premiers Religieux de la Réforme du Carmel, que des quelques foules de l'Espagne catholique qu'il évangélisa en passant, il n'aurait pas été un docteur pour le monde et pour les siècles. Sa doctrine ne serait restée que comme un glorieux souvenir, une lumière éclatante, mais éphémère, traçant un sillon radieux dans l'espace et s'évanouissant avec la rapidité de l'éclair. Dieu, mes Frères, ne le voulut pas. Il inspira au Saint lui-même de mettre par écrit les grandes pensées qui remplissaient son esprit, les connaissances sublimes qu'il avait reçues du ciel avec tant d'abondance, et c'est ainsi que fut composée cette œuvre incomparable qu'on peut appeler l'Evangile mystique du Carmel.

De cet Evangile mystique je voudrais bien vous en parler, mes Frères, et il faut bien que je vous en parle, quoique je ne me dissimule pas la difficulté, à raison de la distance immense qui nous sépare de ces régions sublimes où vivaient habituellement saint Jean de la Croix et sainte Thérèse et, comme on doit le conclure de leurs Œuvres, un grand nombre d'âmes pieuses dans le cloître, et même dans le monde, à ces grands âges du christianisme où la terre semblait toucher le ciel.

Essayons donc d'écarter les voiles qui nous cachent ce monde mystérieux, que le divin Maître appelait le royaume de Dieu en nous : *Regnum Dei intra vos*, et d'y entrevoir deux choses : ce que la théologie catholique appelle l'état mystique, et la place supérieure que saint Jean de la Croix occupe dans cet état surnaturel.

Le mot mystique, mes Frères, est un mot pris dans le langage antique, qui, appliqué à l'homme, signifie initié aux mystères. Dans ce sens, qui est le plus large, nous sommes tous des âmes mystiques, car tous nous sommes initiés aux mystères du ciel par la révélation et par la foi. Mais, dans cette initiation à la lumière ou à la vérité surnaturelle, il y a des degrés, et c'est le plus élevé de ces degrés qui est à proprement parler l'état ou le monde mystique.

Représentez-vous le monde de la grâce comme un temple. Dans ce temple invisible, comme dans ce temple visible que vous occupez en ce moment, il y a trois parties : Il y a la nef ou la grande enceinte, il y a le sanctuaire et il y a le tabernacle. Dans l'enceinte est la foule, qui constitue l'Eglise enseignée, celle dont vous faites partie, Eglise où la lumière est déjà très abondante, car le plus petit des enfants admis aux mystères catholiques en sait plus sur les questions capitales de Dieu et de l'âme que les plus fameux philosophes de l'antiquité. Ce n'est encore cependant que la première des illuminations chrétiennes. Plus haut que la foule des croyants, dans le sanctuaire du temple, se trouve le Prêtre, qui fait partie de l'Eglise enseiseignante. Le Prêtre aussi est éclairé, et il l'est nécessairement à un degré supérieur, car il doit donner, il doit répandre la lumière. Cette lumière, il la puise peu à peu et avec plus ou moins de labeur dans l'Ecriture, dans la Tradition, dans la théologie, dans la parole souveraine des Successeurs de Pierre. D'ailleurs, étant par ses fonctions sacrées plus près de Dieu, il le voit plus facilement et il le comprend davantage. Toutefois, mes Frères, si vaste et si profonde qu'elle soit, la science du Prêtre est une science acquise, comme la vôtre, par le travail et par l'étude. Des amis de saint Jérôme le félicitaient un jour sur les admirables clartés qu'il devait recevoir du ciel pour l'explication des Saints Livres : « Ce n'est pas dans le ciel que je » puise ma science, répondit l'austère vieillard, » c'est dans mes sueurs et dans mes veilles. » Le Prêtre donc, qui est le roi du sanctuaire, acquiert la science et la lumière comme vous qui êtes les rois de l'enceinte sacrée. Mais, plus haut que l'enceinte et que le sanctuaire, est le tabernacle, et là plus de travail, plus de veilles, plus de sueurs. Il y a là sous les regards de Jésus-

Christ, à ses pieds, je pourrais dire dans ses bras et sur son cœur, des âmes élues entre toutes, prises tantôt dans le sacerdoce et tantôt dans les derniers rangs de la foule, les âmes les plus élevées et les plus humbles, mais toutes soumises à l'action de ce feu de l'amour divin qui éclaire qui il veut et comme il veut. Ces âmes n'ont qu'à s'ouvrir aux rayons de Dieu comme les fleurs s'ouvrent au soleil, et la lumière la plus pure et la plus vive les pénètre et les remplit. Eh bien, mes Frères, ce sanctuaire mystérieux, cet état de grâce extraordinaire plus passif qu'actif, et quelquefois, souvent purement passif, cet état où Dieu fait tout et où l'âme ne fait plus rien que regarder et recevoir, cet état où le cœur ne cherche pas l'amour, mais où l'amour cherche le cœur, où l'esprit ne va pas à la lumière, mais où la lumière vient à l'esprit, c'est le monde mystique. Des âmes privilégiées qui l'habitent, les unes vivent et meurent en silence sur le Cœur de Jésus, et celles-là sont simplement des âmes contemplatives. D'autres, au contraire, plus éclairées, plus ardentes peut-être, se retournent vers nous et, des portes de ce Saint des saints de l'amour où bien peu pénètrent, elles nous disent ce qu'elles ont entendu, ce qu'elles ont vu, ce qu'elles ont compris, et elles prennent alors dans l'Eglise le nom de docteurs mystiques, docteurs mystiques d'autant plus autorisés et d'autant plus éloquents qu'ils ont vécu eux-mêmes de la vie suprême dont ils nous parlent. C'est saint Denys l'Aréopagyte, le grand converti de saint Paul; c'est saint Jean Climaque, l'austère voyant du désert; c'est sainte Gertrude; c'est sainte Catherine de Sienne; c'est sainte Thérèse; c'est enfin et surtout celui que nos lèvres bénissent et que nos cœurs acclament, saint Jean de la Croix.

Et maintenant, mes Frères, que nous connaissons les régions qu'il habite, l'état sublime où il vit et d'où il nous parle, prêtons l'oreille à ce qu'il dit, et essayons de nous faire au moins une idée de cette doctrine que l'Eglise catholique appelle elle-même une science divinement révélée : *Scientiam divinitus revelatam*. En vérité, mes Frères, cette doctrine n'est pas autre chose que la doctrine chrétienne, exposée et réalisée à ses plus hauts sommets, et, par conséquent, non seulement nous pouvons, mais nous devons la comprendre. Ne sommes-nous pas de race divine? comme le dit admirablement saint Paul : *Genus Dei sumus*, et, par conséquent, y a-t-il, même en Dieu, une lumière à laquelle ne puisse pas et ne doive pas aspirer notre âme ?

Vous connaissez l'histoire de cette merveilleuse extase dans laquelle tombèrent simultanément saint Jean de la Croix et sainte Thérèse, en s'entretenant ensemble aux grilles du couvent de l'Incarnation d'Avila. C'était le jour de la fête de la Sainte-Trinité, et le Saint, expliquant ce mystère, entra si pleinement avec toute son âme dans cet océan adorable de grandeur et de perfection, que son corps lui-même s'embrasa et se souleva au-dessus de la terre. Emportée par le même élan et embrasée de la même flamme, sainte Thérèse, de l'autre côté de la grille, entra dans un ravissement semblable, y goûta des béatitudes de lumière et d'amour qu'elle ignorait encore, et s'écria quelque temps après, au souvenir de cette heure extatique, « qu'il n'était pas possible de parler » de Dieu avec le Père Jean de la Croix, parce » qu'il entrait aussitôt dans le ravissement et y » faisait entrer les autres. » Et quelle était donc, mes Frères, cette doctrine qui ravissait ainsi ces deux grandes âmes? Celle-là même qu'ils devaient exposer l'un et l'autre dans leurs ouvrages, et qui fait des livres de saint Jean de la Croix, en particulier, une révélation.

C'est, mes Frères, le propre de l'amour de nous attacher à l'être que nous aimons, et, quand l'être que nous aimons est par terre, nous sommes par conséquent unis et comme rivés à la terre. Or, depuis que le péché a été commis et que le vice s'est engendré en nous, nous aimons la créature en elle-même et pour elle-même, et, la créature étant par terre, au-dessous de nous ou autour de nous, nous sommes par elle fixés et rivés à la terre. D'autre part, comme il y a quatre puissances principales en nous, le sens, l'esprit, la volonté et la mémoire : le sens qui nous fait voir, entendre, goûter, sentir et toucher les formes sensibles, l'esprit qui nous fait chercher et saisir ce qui est au fond, ce qui est comme l'âme des créatures sensibles, la volonté qui nous fait embrasser ce que les sens et l'esprit ont saisi et nous communiquent, et enfin la mémoire qui, faisant revivre sans cesse le passé, perpétue en quelque sorte ce culte des sens, de l'esprit et de la volonté, c'est par ces quatre puissances de notre âme que nous sommes attachés, et, par suite, c'est par ces quatre puissances de l'âme que nous devons nous détacher de la terre et de toutes les créatures qu'elle renferme. Les créatures et la terre étant en bas, à mesure qu'on se détache, on monte. Et comme il est dans la nature de l'âme humaine de s'attacher à une chose nouvelle dès qu'elle se détache d'une première chose, à mesure que l'âme monte en se détachant de la créature, elle s'attache au Créateur, c'est-à-dire à Dieu, et elle s'attache à Lui par les trois grandes vertus que la théologie appelle avec saint Thomas les vertus de l'union : la foi, l'espérance et la charité. Ainsi détachée de la terre et attachée à Dieu, qui est le Très-Haut, l'âme se trouve comme au sommet d'une montagne, et c'est là qu'elle rencontre, qu'elle touche en quelque sorte ce mystère trois fois adorable qui faisait l'extase de saint Jean de la Croix et de sainte Thérèse au parloir de l'Incarnation, le mystère de la Très Sainte Trinité.

La Trinité, mes Frères, c'est Dieu le Père,

et le Père c'est la puissance dans la pureté; la Trinité, c'est Dieu le Fils, et le Fils c'est la parole dans la lumière; la Trinité, c'est Dieu l'Esprit, et Dieu l'Esprit c'est la flamme dans l'union. Lorsque l'âme s'unit à Dieu, elle entre donc dans ce triple et adorable mystère et elle se revêt de cette triple et adorable splendeur. En s'unissant au Père, elle entre dans la pureté, elle s'y établit comme une reine, elle achève d'y oublier toutes les créatures, elle y accomplit enfin ce sublime dépouillement qui consiste à renoncer jusqu'au dernier rayon des choses d'ici-bas et à se préparer, à s'essayer à ce revêtement plus sublime encore qui fait que les justes resplendissent comme le soleil : *Fulgebunt justi sicut sol.*

En s'unissant au Fils, elle entre dans la lumière, dans l'éternelle lumière, et cette lumière la dilate, la réjouit, la rend harmonieuse, au point qu'elle vibre en même temps qu'elle brille, devenant verbe avec le Verbe, disant le Créateur aux créatures et les créatures au Créateur, parlant de l'homme à Dieu et de Dieu à l'homme, dans un langage qui est moins celui de la terre que celui du ciel.

En s'unissant à l'Esprit enfin, elle entre dans l'amour et dans le feu de l'amour, elle s'embrase et elle brûle, et en brûlant elle achève de se purifier, de s'unir à Dieu et de se transfigurer en Lui. Tout ce qui est encore terrestre en elle meurt et tombe en cendre, et tout ce qui est céleste monte dans l'infini comme une flamme immaculée et ardente, comme un encens fumant qui ne s'épuise pas et dont les parfums se perdent dans le Saint des saints des divines unions et des éternelles gloires. Tout cela se fait activement, c'est-à-dire, par la libre volonté de l'âme aidée de la grâce, et tout cela se fait aussi passivement, c'est-à-dire qu'il plaît à la Trinité Sainte, à certaines heures, d'agir en nous sans nous, ne nous considérant plus que comme des abîmes, et se complaisant à laisser s'écouler dans ces abîmes qu'elle creuse elle-même, les flots débordants de sa pureté, de sa lumière et de son amour. Alors l'âme transformée, presque glorifiée, touche en quelque sorte à l'existence éternelle, et, parce qu'elle sent que tout ce qui s'est fait en elle s'est fait par le Christ et dans le Christ, elle comprend enfin cette parole de saint Paul, qu'elle avait dite et redite tant de fois sans la comprendre : « Ce » n'est plus moi qui vis, c'est Jésus-Christ qui » vit en moi ! » *Vivo jam non ego, vivit in me Christus !*

Supposez, mes Frères, que ce que nous venons de dire en quelques mots soit exposé en quatre livres. Appelez le premier, celui qui traite des renoncements et des ascensions de l'âme dans les ténèbres de la foi et dans les aspirations de l'amour : *La Montée du Carmel.* Appelez le second, celui qui traite du règne de l'âme dans la pureté, du règne de l'âme délivrée de toutes les visions fausses ou insuffisantes de la terre et perdue dans les abîmes ténébreux mais sûrs et certains de la foi : *La Nuit obscure de l'âme*. Appelez le troisième, celui qui traite du chant de l'âme dans la sérénité de la joie qu'elle éprouve et qu'elle célèbre quand, sortie de toutes les ombres qui passent, elle entre comme une épouse au palais de son Epoux dans les rayonnements de la lumière infinie : *Le Cantique spirituel*. Appelez enfin le quatrième, celui qui traite de l'embrasement de l'âme dans l'amour, et de la transformation suprême qui se fait en elle au contact habituel de ce feu qui est le Cœur de Dieu lui-même, selon le mot du Prophète, *Deus ignis comburens est : La Vive Flamme d'amour*. Donnez à l'homme qui devait écrire ces livres, toutes les couleurs de l'imagination d'un poète, toutes les profondeurs de la science d'un docteur, toutes les ardeurs du cœur d'un saint; supposez que l'Esprit de Dieu passant sur cet homme ait ajouté l'infini au fini; qu'il ait fait de cette science une vision, de ce cœur une extase et de cette parole imagée un poème et une musique célestes, et vous aurez, mes Frères, une idée, mais une idée seulement, de cette œuvre incomparable que j'ai appelée l'Evangile du Carmel et que l'Eglise catholique appelle la théologie mystique de saint Jean de la Croix.

Je m'arrête, mes Frères, et je m'arrête en

répétant ce que je vous disais tout à l'heure et ce qui sera la conclusion pratique de ce discours, c'est que cette doctrine, si sublime qu'elle soit, n'est pas autre chose au fond que la doctrine catholique. Elle est le commentaire de cette parole du divin Maître : *Si quis vult post me venire abneget semetipsum*, « Si quelqu'un » veut venir après moi, qu'il renonce à tout en » se renonçant soi-même, » et de cette autre non moins admirable : « Si quelqu'un m'aime, » mon Père l'aimera et nous viendrons en lui » avec notre Esprit, et nous établirons en lui » notre demeure. » *Si quis diligit me et Pater meus diliget eum et ad eum veniemus et mansionem apud eum faciemus.*

Nous détacher de tout, briser l'une après l'autre toutes les chaînes que les passions nous ont faites et qui nous retiennent à la terre; nous élever peu à peu et nous unir à Dieu dans le mystère de la foi, dans la confiance de l'espérance et dans la fidélité de l'amour; devenir ainsi le temple et le tabernacle de la Trinité divine et entrer de plus en plus dans les profondeurs de ce mystère adorable; devenir purs et forts comme Dieu le Père, lumineux et harmonieux comme Dieu le Verbe, aimants et brûlants comme Dieu l'Esprit, et mériter ainsi d'entendre un jour, dans les splendeurs du ciel, les anges chanter sur nous ce qu'ils ont chanté sur le Christ et sur Marie, sur saint Jean de la Croix et sur tous les élus qui se sont envolés de cet exil de la terre : *Candor est lucis æternæ et speculum sine macula Dei majestatis et imago bonitatis illius,* « ils sont le miroir de la Majesté » du Père, la candeur de la lumière du Fils, et » l'image de la bonté de l'Esprit, » voilà, mes Frères, voilà notre vie : *Hæc vita in Filio ejus,* et voilà aussi notre gloire : *Gloria nostra hæc est.* Ainsi soit-il.

TROISIÈME DISCOURS

LE MARTYR. — SA VIE SOUFFRANTE

TROISIÈME DISCOURS

Le Martyr. — Sa vie souffrante.

Proposito sibi gaudio sustinuit crucem. — La joie lui étant proposée, il préféra soutenir la Croix. (Hebr., XII, 2.)

MONSEIGNEUR,
MES RÉVÉRENDES MÈRES,
MES FRÈRES,

Le jour où saint Jean de la Croix s'agenouilla dans l'humble petite chapelle du couvent de Durvelo, entre le Père Antoine de Heredia et le Frère Joseph, pour renouveler sa Profession religieuse selon l'esprit du nouveau Carmel, il ne portait pas encore ce nom qui devait devenir si célèbre. Il s'appelait du nom que nous avons prononcé plusieurs fois et qu'il avait reçu à Medina-del-Campo, Frère Jean de Saint-Mathias. Ce fut par inspiration divine qu'il changea son nom, et ce changement de nom était dans les desseins de la Providence le prélude d'une vie toute nouvelle. Jean de la Croix, cela voulait dire Jean le crucifié, et Jean le crucifié, cela voulait dire l'image vivante et fidèle de Jésus crucifié. C'est, mes Frères, dans les splendeurs de cette nouvelle auréole, auréole sanglante mais glorieuse, que nous allons aujourd'hui contempler le grand Réformateur du Carmel.

Quand on contemple, mes Frères, le Fils de Dieu fait homme à travers les voiles de Nazareth et de Bethléem, on le voit perdu dans les ombres de sa vie cachée. Quand on le considère allant et venant de la Galilée à Jérusalem et de Jérusalem à Jéricho ou à Tibériade, on le voit resplendissant de toutes les lumières de sa parole et de sa doctrine. Quand on regarde au delà, et qu'à travers les ombres de sa vie cachée ou les clartés de sa vie publique, on pénètre jusqu'au sanctuaire de cette vie à la fois humaine et divine, on ne voit plus que des larmes et du sang. Il est le Dieu anéanti et le docteur du monde, mais il est avant tout et surtout le Dieu crucifié. Ainsi en est-il, mes Frères, de saint Jean de la Croix. Nous l'avons vu dans les ombres de sa vie solitaire, et nous avons admiré les merveilles de cette vie perdue dans le mystère de l'humilité; nous l'avons vu parlant, prêchant aux âmes et écrivant pour les temps présents et à venir des livres incomparables, et nous avons admiré les splendeurs de sa parole et de sa doctrine. Eh bien, mes Frères, tout cela n'est pas encore le vrai caractère de cette âme sublime, le trait distinctif de cette radieuse figure ; le vrai caractère de cette âme, le trait distinctif de cette figure, c'est l'amour de la croix. *Proposito sibi gaudio sustinuit crucem,* « La joie lui étant offerte, il préféra soutenir la » croix », nous dit l'apôtre saint Paul en parlant du divin Maître. Il la soutint par sa pensée en la comprenant, il la soutint par sa volonté en l'acceptant, il la soutint par sa vie en la portant. Toute la vie douloureuse de Notre-Seigneur, est dans ces trois mots, et, dans ces trois mots aussi, est toute la vie douloureuse de saint Jean de la Croix.

Le premier spectacle qui frappa les regards de l'enfant prédestiné à toutes les merveilles de la grâce, ce fut, mes Frères, le Crucifix, c'est-à-dire l'image du Christ en croix. Ce fut le premier de ses livres et ce devait être le dernier. Sa pieuse mère d'abord, ses maîtres ensuite, lui apprirent à lire dans ce livre divin, et quand l'Esprit-Saint vint ajouter ses clartés supérieures aux clartés humaines qui déjà illuminaient son âme, ce fut pour cet esprit d'élite une admirable révélation.

Il comprit que la croix c'était l'expiation, cette expiation nécessaire dont parle l'Apôtre quand il affirme qu'aucune rémission n'est possible sans l'effusion du sang : *Sine sanguinis effusione non fit remissio*.

Il comprit que la croix, c'était la délivrance. L'homme lui apparut tel qu'il est depuis le péché, chargé de chaînes de toutes sortes, esclave de Satan, esclave du monde, esclave de ses passions révoltées, et il comprit que la souffrance seule pouvait rendre à l'homme sa vraie liberté, et le faire arriver à ce dépouillement de toutes choses, absolument indispensable pour s'élever vers Dieu et pour s'unir à Dieu : « O âmes » chrétiennes, qui recherchez les consolations » sensibles, devait-il écrire plus tard lui-même, » si vous saviez combien il vous est utile de » souffrir, et de quel secours sont la souffrance » et la mortification pour arriver aux trésors » sublimes de la contemplation ! »

Il comprit que la croix, c'était la transfiguration de l'homme. Le monde de l'épreuve lui apparaissait comme un vaste et grandiose atelier sur lequel planait l'image du Dieu crucifié. Les âmes étaient jetées par la Providence dans cet atelier mystérieux comme des pierres diverses et informes, et, au centre de cet atelier, il y avait un artiste sublime qui travaillait, c'était l'Archange de la douleur. Il prenait ces pierres, il les taillait, il les sculptait, tenant les yeux fixés sur le Christ, et, quand les pierres vivantes avaient pris la forme de l'idéal divin, il les élevait et il les présentait à d'autres anges qui les emportaient dans l'infini, en chantant comme un hymne de gloire la parole de l'apôtre saint Paul : *Quos vocavit prædestinavit conformes fieri imaginis Filii sui.*

Il comprit que la croix était la gloire suprême des enfants de Dieu, et au fond de son âme il entendait résonner cette parole sublime qui était sortie un jour, en plein champ de bataille, des lèvres virginales et héroïques de Jeanne d'Arc : « Le sang, c'est de la gloire ! » Il voyait passer à travers les siècles et se dérouler de la terre au ciel la légion radieuse des Saints, les vierges vêtues de blanc, les docteurs rayonnants de lumière, les martyrs agitant dans leurs mains des palmes triomphales, et il remarquait que tous ces fronts glorieux portaient les traces de la sanglante couronne d'épines qui avait déchiré le front de l'Homme-Dieu.

Il comprit enfin que la croix, c'était la gloire du Christ lui-même et l'instrument victorieux de la grande œuvre de la Rédemption. Il lui semblait que le sang coulait toujours à flots des plaies ouvertes de notre divin Maître, que les anges du ciel venaient, les ailes déployées, le recueillir dans des coupes d'or, et puis, prenant leur essor, allaient le verser dans le Cœur de Dieu pour le transformer en miséricorde, et que le Cœur de Dieu, débordant de cette miséricorde toujours ancienne et toujours nouvelle, s'épanchait sur l'Eglise militante et sur l'Eglise souffrante, sur les pécheurs pour les justifier et sur les enchaînés de l'autre monde pour les soulager et pour les délivrer. C'était la grande scène décrite par l'apôtre saint Paul, la terre et le ciel se réconciliant et se pacifiant par l'effusion du sang divin : *Pacificans per sanguinem ejus sive quæ in cœlis, sive quæ in terris sunt.* C'était la vision inénarrable de l'Eglise militante et souffrante devenant par la croix l'Eglise triomphante, et le Saint se disait au fond de son cœur que si jamais il pouvait se placer sur cette croix, s'identifier en quelque sorte avec son Dieu crucifié, mêler ses larmes à ses larmes et son sang à son sang, et entrer ainsi, par la plénitude de son être et de sa vie, dans ce grand et adorable mystère de la glorification de Dieu par la transfiguration du monde, il serait plus heureux que les séraphins sur leurs trônes.

Voilà, mes Frères, comment saint Jean de la Croix comprenait la souffrance, et c'est de cette intelligence, c'est de cette révélation du mystère de l'épreuve et du sacrifice, que naquit dans sa grande âme cet amour incomparable, cet amour éperdu de la douleur qui devait le faire appeler par l'Eglise elle-même l'amant passionné de la croix, *Crucis amator eximius,* et qui devait ajouter sur son front, à l'auréole des vierges et des docteurs, l'auréole du martyre, d'un martyre qui devait être à la fois celui de son corps et celui de son âme, et durer autant que sa vie.

C'est vous dire, mes Frères, que saint Jean de

la Croix ne se borna pas à comprendre la souffrance, il l'accepta comme le divin Maître, il l'accepta avec une pleine et entière résignation toutes les fois qu'elle s'offrit à lui, et elle s'offrit à lui tous les jours et sous toutes les formes. Vous connaissez ce trait célèbre de sa vie : C'était au couvent de Ségovie dont il était actuellement Prieur. A genoux devant une image de Notre-Seigneur portant sa croix, il priait avec sa ferveur ordinaire, quand il entendit une voix sortir du tableau et l'appeler par son nom : « Frère Jean ! » Il hésita tout d'abord à répondre, se croyant le jouet d'une illusion, mais la voix se fit entendre de nouveau, et le Saint, comprenant que c'était celle du divin Maître, répondit comme autrefois le jeune Samuel : « Seigneur, me voici. » La voix alors continua ainsi : « Quelle récompense veux-tu pour tout ce que » tu as fait et souffert pour moi ? » Le Saint tressaillit des pieds à la tète, et spontanément cette parole que l'Eglise a conservée, monta de son cœur à ses lèvres : *Pati et contemni pro te !* « Seigneur, souffrir et être méprisé pour vous ! » Comment, mes Frères, une parole semblable, la plus héroïque que le ciel puisse entendre, put-elle sortir spontanément des lèvres et du cœur de saint Jean de la Croix ? Le mystère est bien simple : c'est que cette parole était comme le cri habituel de son âme. Ce qu'il disait alors par sa bouche, il l'avait répété des milliers de fois par ses pensées, par ses sentiments et par ses œuvres. Je vous le disais il n'y a qu'un instant, la croix lui apparut à toutes les heures et sous toutes les formes et toujours il l'accueillit avec tout l'élan de son amour.

Elle s'était présentée à lui au foyer domestique sous la forme de l'indigence et du travail, et il avait accepté à plein cœur les incommodités de cette indigence et les rigueurs de ce travail; elle s'était présentée à lui sous la forme de la séparation, quand il dut s'arracher aux bras de sa mère bien-aimée pour aller vivre au collège, puis à l'hôpital de Medina, et il accepta sans murmure et sans hésitation aucune ce premier sacrifice intime, ce premier brisement de son cœur si sensible et si profond. Elle se présenta à lui sous la forme de la vie religieuse, quand l'Esprit-Saint lui fit comprendre qu'il était appelé à une vie supérieure, et il accepta sans la moindre résistance, sans la moindre réserve, avec tout l'élan généreux de son cœur, de se coucher aux pieds de la croix comme une douce et sainte victime. Elle se présenta à lui sous la forme de la Règle primitive du Carmel, quand, par hasard, un exemplaire de cette Règle, un peu oubliée, lui tomba sous la main, et aussitôt il demanda à genoux à ses Supérieurs la grâce de vivre, en particulier, conformément à cette Règle. Elle se présenta à lui sous la forme de l'apostolat et du dévouement, quand sainte Thérèse lui révéla ce que lui avait dit dans sa jeunesse une voix secrète et mystérieuse : « Vous

» entrerez dans une Religion dont vous aiderez » à relever l'antique splendeur », et il s'abandonna aux vœux et aux prières de la grande Réformatrice du Carmel, pour l'aider dans l'accomplissement d'une œuvre qui devait donner à Dieu et à Marie tant de gloire. Elle se présenta à lui sous la forme de la persécution, quand, méconnaissant ses intentions si droites et ses vertus si éclatantes, on vint le prendre dans sa petite cellule d'Avila pour l'emmener enchaîné à Tolède, où il devait passer plus de huit mois en prison, livré à toutes les humiliations et à toutes les tortures, et il courba la tête, déclarant que tout ce qu'on lui faisait souffrir n'était rien à côté de ce que méritaient ses péchés. Elle se présenta enfin sous la forme de l'injustice, de la calomnie, de l'ingratitude, de la cruauté la plus inhumaine, quand, devenu suspect au Carmel Réformé lui-même, pour son attachement à l'œuvre de sainte Thérèse et à ses filles, il fut abandonné, infirme, anéanti, à ses frères ennemis, et qu'on l'abreuva de toutes les ignominies, jusqu'à ce qu'il mourût dans des tourments de corps et d'âme dont la pensée fait frémir et dont le récit fait pleurer. Et c'est au sein de ces épreuves, c'est dans l'abîme de ces douleurs, c'est dans cet abandon des hommes, auquel vint s'ajouter souvent une sorte d'abandon de Dieu, que saint Jean de la Croix redisait à plein cœur cette admirable parole devenue comme sa devise d'amour et son chant de victoire : « Encore, Sei-

» gneur, encore! toujours souffrir et être mé-
» prisé pour vous! » *Pati, Domine, pati et contemni pro te !*

Voilà, mes Frères, comment le Saint que vous vénérez acceptait la croix, et c'est déjà vous dire comment il la portait; mais il ne suffit pas de le dire, il faut le montrer, il faut le voir. Entrons donc, entrons un instant dans cette passion douloureuse, et vous verrez si saint Jean de la Croix n'est pas vraiment un autre Christ.

Regardez-le dans sa première enfance, au sein de ce foyer béni où il naît et où il grandit. Il ne demande rien, il ne désire rien, il ne se plaint de rien. Il n'a pas besoin des distractions du jeu, il n'aime pas les compagnies bruyantes, il ne goûte que le travail, que l'étude, que l'obéissance à sa mère, que le recueillement devant Dieu, et tout le monde se dit comme en présence du précurseur de Jésus : « Que pensez-
» vous que sera cet enfant extraordinaire? »

Regardez-le au collège où il étudie, et à l'hôpital de Medina où il se dévoue en continuant ses travaux intellectuels. Il ne manque jamais un exercice, il ne se dérobe jamais aux veilles, il ne murmure jamais, ni contre les offices qu'on lui confie, ni contre les fatigues qui l'accablent à certaines heures. Il soutient les faibles, il console les affligés, il encourage les désespérés, il souffre avec ceux qui souffrent, et, cela ne lui suffisant pas, il s'exerce déjà à cette grande vertu de la mortification chrétienne qu'il enseignera avec tant de sagesse et qu'il pratiquera avec tant de ferveur. Il s'essaie aux jeûnes, aux abstinences, aux veilles nocturnes prolongées; il lutte avec une énergie étrange contre la pesanteur de son corps pour le tenir debout, et, quand son corps succombe à l'excès de fatigue, il l'étend sur une planche ou sur un fagot de sarments, qui meurtriront ses membres pendant ce sommeil qu'il leur accorde à regret.

Regardez-le dans la vie religieuse, dans ce couvent de Sainte-Anne de Medina, où, délivré des chaînes et des soucis du siècle, il peut enfin se livrer à la passion de souffrir. Il a obtenu de ses Supérieurs la permission d'accomplir en secret la Règle primitive de l'Ordre et c'est pour lui un bonheur indicible. Il fait maigre tous les jours, il jeûne huit mois sur douze, il garde le silence absolu depuis l'Office de Complies jusqu'à l'Office du lendemain; il n'accepte de cellule que la plus petite et la plus pauvre du Monastère; il ne veut pour vêtement que la plus grossière étoffe qu'on peut trouver et il porte par-dessous cette étoffe un cilice de joncs enlacés et une chaîne de fer hérissée de pointes. Avec cela il demande à genoux les travaux les plus humbles, les fonctions les plus humiliantes, il se fait le serviteur et, s'il le pouvait, il se ferait le marchepied de ses frères. C'est une passion, c'est une ivresse, c'est une extase d'humilité et de sacrifice, et, malgré toutes les industries qu'il emploie pour cacher cette vertu, elle éclate tellement au dehors, que, lorsqu'il passe dans les jardins du Couvent, on s'arrête pour l'examiner et l'on se demande si c'est là un enfant des hommes, ou un ange tombé du ciel pour donner aux âmes la vision de la vie qu'on mène dans le royaume des purs esprits. Le voilà, mes Frères, le voilà ce martyr de la croix dans sa souffrance volontaire, dans la souffrance qui vient de lui; le voici maintenant dans la souffrance plus dure, plus amère, plus crucifiante qui lui vient de Dieu en passant par ses frères.

Regardez-le dans cette prison de Tolède où il vit enchaîné huit ou neuf mois durant. On a déclaré qu'il était rebelle, qu'en favorisant et en embrassant la Réforme, il avait troublé l'Ordre du Carmel. On l'a accusé, jugé, condamné. On est venu le prendre à main armée dans sa cellule d'Avila, comme on avait pris Jésus au jardin des Oliviers, et, comme on avait traîné Jésus garrotté à travers la vallée de Josaphat, on l'a traîné enchaîné à travers les routes et les plaines de l'Espagne, et on l'a jeté là, dans ce cachot où il a à peine assez d'air pour respirer et assez d'espace pour se mouvoir. C'est une petite chambre de dix pieds de long et de six de large, n'ayant pour toute fenêtre qu'un étroit soupirail pratiqué dans le mur. Il n'a qu'une planche humide pour lit et que deux vieux manteaux pour couvertures. On met un cadenas à la porte de cette cellule pour que personne autre que son geôlier ne puisse y entrer, ni lui parler. A l'heure des repas on lui apporte du pain et de l'eau, quelquefois par pitié quelques restes ramassés sur la table où ont mangé ses frères. Le soir on ouvre son cachot, on le fait descendre au réfectoire commun, on le place au milieu, prosterné, on le dépouille jusqu'à la ceinture et tous ses frères viennent le flageller jusqu'au sang, et ces flagellations se prolongent et se renouvellent de telle sorte, qu'il avouera lui-même plus tard avoir reçu plus de flagellations et plus de coups de fouets que l'apôtre saint Paul. A ces tortures physiques on ajoute des tortures morales. Le jour, on passe devant la porte de sa prison et, à haute voix, de manière à ce qu'il entende, on annonce la condamnation et la ruine prochaine de la Réforme. Le soir, après la flagellation publique, le Prieur l'arrête de sa voix et lui crie devant la Communauté tout entière : « C'est donc vous, faux et » funeste Religieux, qui avez voulu déshonorer » l'Ordre de la Vierge Marie par une extravagance aussi insensée que celle qui vous a » porté à vous déchausser, à prendre un habit » différent du nôtre, à fomenter la discorde » parmi vos frères, à donner lieu au monde de » crier au scandale; eh bien, voilà maintenant » ce que vous êtes, la risée et le mépris de tous, » incapable même d'ouvrir et de fermer la porte » du monastère. » Et le Saint, mes Frères, que fait-il sous le poids accablant de ces opprobres et de ces outrages? ce que faisait le Christ pendant sa passion : il se tait, *ipse autem tacebat.* Que dis-je? il rayonne et il se réjouit; il remercie ses bourreaux de ses supplices; il les attend avec impatience et, quand on les oublie, il s'en plaint : « Pourquoi n'est-on pas venu aujour-» d'hui me prendre pour me flageller? » dit-il un jour au Frère qui le gardait; et, celui-ci ne répondant rien, il ajouta : « Quel dommage » qu'on m'ait privé d'un si grand bien et d'une » faveur si précieuse! »

Et maintenant, mes Frères, regardez-le dans sa dernière épreuve; vous l'avez vu à Gethsemani et au Prétoire, voyez le sur le Golgotha. Il a fait triompher l'œuvre de la Réforme. Il a été l'oracle des Chapitres Provinciaux d'Alcala et d'Almodovar; il a fondé et gouverné les couvents de Grenade, de Cordoue et de Ségovie, il a parlé au Chapitre Général de Madrid avec une liberté tout apostolique en faveur de l'œuvre de sainte Thérèse, il a été nommé Vicaire Provincial de l'Andalousie et, comme tel, il a fait l'admiration de tout le sud de l'Espagne par l'éclat de ses vertus, par les bienfaits de sa parole et par le retentissement de ses miracles. Il domine la terre et il semble être aux portes du ciel, quand, Dieu le permettant, il retombe sous le poids de la méfiance et de la haine. Il est privé de tout emploi, abandonné de ses Supérieurs, réduit à aller demander un asile à un pauvre petit monastère perdu dans la solitude.

Par un reste de déférence on lui donne le choix entre Baeza, où se trouvait un de ses enfants les plus dévoués, et Ubeda, que gouvernait, comme Prieur, un de ses ennemis déclarés. Le Saint, toujours affamé de souffrance, préfère Ubeda et vient se livrer lui-même à de nouvelles humiliations et à de nouvelles tortures. En effet, il arrive malade, portant sur tout son corps les stigmates de Jésus crucifié, et les Religieux, en le voyant, pleurent de compassion; mais le Prieur intervient, il l'aborde avec la plus dure sévérité, il le fait enfermer dans une cellule qui lui rappelle sa prison de Tolède, il donne les ordres les plus sévères pour qu'on s'éloigne de lui et pour qu'aucune personne du dehors ne puisse l'approcher. La nourriture qu'on lui apporte est mauvaise et insuffisante, ce qui double la fièvre qui le dévore et sa faiblesse qui ressemble à une agonie. Le Prieur trouve que ce n'est pas assez et, à ces souffrances physiques, il ajoute des reproches et des injures. Il lui parle avec une extrême rigueur; il lui rappelle les torts qu'on a tant de fois formulés contre lui, il lui fait comprendre combien il est à charge à la maison qui l'a recueilli par une excessive miséricorde. Il est donc là, mes Frères, seul comme Job dans l'abîme de sa misère, comme Jésus sur la croix, brûlé par la fièvre et dévoré par la soif, les jambes couvertes de plaies, la tête courbée sous la douleur, affligé de peines intolérables, méprisé par ceux qu'il aurait dû voir à ses pieds lui prodiguant toutes les consolations fraternelles. Oui, il est vraiment un autre Christ, et, afin que la ressemblance soit plus parfaite, les peines intérieures s'ajoutent aux souffrances extérieures. Les lumières qui resplendissaient dans son esprit se voilent, les ardeurs qui embrasaient son cœur s'éteignent, les consolations qui coulaient comme un torrent dans son âme s'arrêtent. Il connaît enfin cette angoisse suprême de l'abandon divin, que les docteurs affirment avoir été le plus grand tourment du Rédempteur du monde. Le ciel se ferme sur cette âme sublime, comme il s'était fermé sur l'âme du Sauveur crucifié, et une douleur semblable à celle de l'enfer l'étreint jusqu'à l'anéantir.

Et le Saint, mes Frères, que fait-il pendant ce martyre suprême ? il fait ce que faisait le Christ sur le Calvaire; il se résigne, il pardonne, il bénit, il chante.

Il se résigne : il déclare à ceux qui l'entourent et qui ne peuvent retenir leurs larmes devant le spectacle de ce crucifiement, que le calice n'est pas assez profond et qu'il ne souffre pas autant qu'il devrait souffrir.

Il pardonne : il trouve des excuses pour ceux qui le persécutent et l'outragent jusque dans son agonie, et, quand il ne peut les disculper autrement, il répète la parole du divin Maître en face des Juifs déicides : « Seigneur, pardon-» nez-leur, ils ne savent pas ce qu'ils font ! »

Il bénit : au moindre service, à la moindre attention qu'on lui donne, à la moindre pitié qu'on lui témoigne, il répond par des remerciements où toute son âme semble s'épancher en flots de tendresse.

Il chante enfin. Il chante l'hymne de l'espérance : quand le médecin lui annonce qu'il va mourir, il lève les yeux, il ouvre les lèvres et il entonne le psaume de David : *Lætatus sum in his quæ dicta sunt mihi : in domum Domini ibimus*. Il chante l'hymne de l'humilité et de la pauvreté : quand le Père Provincial vient lui donner une dernière bénédiction, il joint les mains devant lui et lui dit : « Père, je conjure votre Révérence » de me faire l'aumône d'un pauvre habit dans le- » quel je puisse être enseveli. » Il chante l'hymne de la piété : quand il comprend qu'il va mourir le samedi, jour de la Vierge, il élève ses mains vers le ciel et il s'écrie : « Je vous rends grâces, » ô ma Reine et ma Souveraine, pour la faveur » que vous m'accordez après tant d'autres, de » mourir un samedi, c'est-à-dire un jour consa- » cré en votre honneur. » Il chante enfin l'hymne de la bénédiction et de l'abandon de l'amour : quand il sent s'exhaler son dernier souffle et qu'il entend sonner la cloche du couvent appelant à Matines, il se recueille, il se soulève une dernière fois et il s'écrie : « Gloire à Dieu, je » vais les chanter au ciel ! » puis, collant ses lèvres aux pieds du Crucifix qu'il tenait à la main, il ajoute : *In manus tuas, Domine, com-*

mendo spiritum meum! « Seigneur, je remets mon âme entre vos mains! » et, inclinant la tête, il s'endort doucement, pendant que les anges chantent, dans l'infini, ce que son humilité l'empêchait de chanter lui-même : *Consummatum est!* tout est fini, Dieu a achevé le Christ dans ce Juste et ce Juste a achevé l'œuvre de Dieu dans son Christ!

Voilà, mes Frères, comment saint Jean de la Croix justifia le nom que l'Esprit de Dieu lui avait donné au jour de sa seconde Profession religieuse. Voilà comment il comprit, comment il accepta, comment il porta la croix. Il mourut à quarante-neuf ans, le samedi 14 décembre 1591 et, quelques jours après, pendant que les plus étonnants prodiges éclataient sur son tombeau devenu glorieux comme celui du divin Maître, *Erit sepulcrum ejus gloriosum*, il apparut à deux Religieux de différents Ordres, ayant l'habit du Carmel couvert de lames d'or et parsemé d'étoiles, avec une couronne resplendissante sur la tête. Il les encouragea à rester fidèles à leurs observances religieuses et il ajouta en remontant dans les airs : « Sachez que l'on n'estime dans le ciel que les souffrances de la terre. »

C'était, mes Frères, la confirmation donnée du sein de Dieu à la leçon, à la grande leçon de toute sa vie, et c'est cette grande leçon que nous devons recevoir de lui aujourd'hui, en lui demandant avec instance de la bien entendre et de la bien pratiquer.

Tous, mes Frères, tous dans la vie du siècle comme dans la vie du cloître, nous devons comprendre, nous devons accepter, nous devons porter la croix, la croix qu'il a plu à Dieu de nous faire et qui pour chacun de nous est le prix du ciel. L'enseignement du divin Maître est là-dessus d'une précision et d'une énergie accablantes. Nous devons « prendre notre croix » et le suivre si nous voulons être ses disciples » ; nous devons « semer dans les larmes si nous » voulons moissonner dans la joie » ; nous devons être des crucifix sur la terre, si nous voulons être des dieux dans le ciel. Ainsi soit-il.

QUATRIÈME DISCOURS

LE RÉFORMATEUR. — SA VIE GLORIEUSE

QUATRIÈME DISCOURS

Le Réformateur. — Sa vie glorieuse.

> *Gloria Libani data est ei : decor Carmeli et Saron; ipsi videbunt gloriam Domini.* Dieu lui a donné la gloire du Liban; les sommets du Carmel et les plaines de Saron contempleront à jamais cette gloire que le Seigneur lui a faite. (Isaïe, xxxv, 2.)

Monseigneur,
Mes Révérendes Mères,
Mes Frères,

Quand on a quitté les rivages de la France pour aller à travers les flots bleus de la Méditerranée voir les pays où le soleil se lève, on aperçoit, plusieurs jours durant, des côtes qui rappellent celles de la patrie : la Corse, l'Italie, la Sicile, et, sur ces terres, sœurs des nôtres, on voit flotter des nuages qui font songer encore aux brouillards de l'Occident. Puis peu à peu les terres s'éloignent, l'horizon s'élargit, l'air devient plus chaud, la lumière plus éclatante : c'est l'Orient. Alors, si l'on est chrétien, on cherche à peine du regard à gauche les îles riantes de la Grèce, à droite les sables brûlants de l'Egypte, et, debout sur le pont du navire, avec une patience qui ne se lasse pas, on attend le moment solennel où apparaîtra pour la première fois cette terre célèbre et sacrée entre toutes où Dieu se fit homme pour nous sauver. Enfin, tout à coup, à une heure qu'on n'oubliera plus jamais, on aperçoit, à travers des flots de lumière, une ligne noire se dessinant sur une grande largeur entre l'azur du ciel et l'azur de la mer. Peu à peu la ligne s'accentue, elle s'élargit, elle se brise, elle prend une forme terrestre, et l'on reconnaît parfaitement une chaîne de montagnes qui vient de l'Orient en grandissant toujours, et qui s'arrête tout à coup en face de la mer, formant un promontoire superbe. Bientôt, on distingue les flancs de la montagne légèrement boisés, la plaine qui se déroule au bord de la mer avec son tapis de verdure, accidenté de palmiers ondoyants et de maisons blanches, et, au sommet, au point qui domine la mer au Nord et au Sud à une immense distance, un vaste édifice qui ressemble à la fois à une forteresse et à un monastère : c'est le Carmel. Alors, vaincu par l'émotion, on se met à genoux et l'on salue la Reine des vierges, car le Carmel n'est pas seulement une des portes de la Palestine, c'est par excellence la montagne de Marie, le premier de ses trônes terrestres et le plus antique de ses sanctuaires bénis.

C'est là, mes Frères, sur cette montagne, et au point même où s'élève le monastère actuel, que prit naissance l'Ordre religieux, illustre et sacré entre tous, qui devait s'appeler dans l'Eglise l'Ordre des Frères et des Sœurs de Notre-Dame du Mont-Carmel : *Ordo Fratrum et Sororum Beatæ Mariæ de Monte-Carmelo.*

Quelle place saint Jean de la Croix a occupé dans cette grande famille spirituelle du Carmel,

Quelle part il a prise à la vie, à la réforme, au progrès de cet Ordre illustre,

Et comment, de cette place et de cette mission, de cette place occupée et de cette mission remplie, il est résulté pour lui une troisième vie, une vie que nous pouvons appeler sa vie glorieuse, parce qu'elle a été glorieuse, en effet, comme celle du divin Maître lui-même, voilà, mes Frères, ce que je voudrais vous dire ce soir comme confirmation et conclusion de tout ce que nous avons dit pendant ces splendides jours de fête.

La place que saint Jean de la Croix a occupée dans l'Ordre du Carmel, c'est, mes Frères, la place que Jésus-Christ a occupée dans son Eglise. On n'a pas été peu étonné en France, il vous en souvient peut-être, lorsque des historiens très graves et très sages ont fait remonter l'Eglise catholique à la création. Et pourtant rien de plus exact. L'histoire de l'Eglise, c'est-à-dire de cette société d'âmes que Dieu a choisies et prédestinées à parvenir à sa béatitude et à sa gloire en travaillant au salut du monde entier, embrasse toute la série des temps et se divise en trois grandes époques : l'époque primitive ou patriarcale, qui va du Paradis terrestre à la proclamation de la loi sur le Sinaï; l'époque prophétique ou légale, qui va du Sinaï à Jésus-Christ, et l'époque chrétienne, qui va du Calvaire à la fin des siècles. Le Messie est venu, comme vous le savez, à la fin de la seconde époque et il a été ainsi le médiateur, non pas seulement entre Dieu et l'homme, mais entre le passé et l'avenir, entre l'ébauche et la réalisation parfaite et définitive de l'idée et de l'œuvre de Dieu.

Eh bien, mes Frères, c'est la gloire de l'Ordre du Carmel, gloire qu'il ne partage avec aucune autre famille religieuse, de ressembler admirablement à l'Eglise catholique et d'avoir une histoire qui se divise, elle aussi, en trois grandes époques : une époque primitive et un peu indécise, comme l'époque patriarcale, qui va du Prophète Elie à l'établissement de la première Règle par saint Brocard et saint Albert, Patriarche de Jérusalem ; une deuxième époque, qui fut l'époque régulière et qui alla jusqu'à la

Réforme au XVIe siècle, et enfin l'époque Thérésienne ou Réformée, qui fut l'ère définitive de l'Ordre et qui acheva, en le confirmant, tout ce qui avait précédé, comme le christianisme acheva, en le confirmant et en l'exaltant, tout ce qui avait précédé le Calvaire. Or, saint Jean de la Croix, cette âme incomparable que nous louons depuis trois jours et qu'il faudrait louer pendant des siècles, se place précisément entre les deux premières époques et la troisième, dans ce qu'on pourrait appeler la plénitude des temps du Carmel, pour y jouer un rôle et y remplir une mission qui ressemblent étonnamment au rôle et à la mission du Christ dans le monde. Ouvrons l'histoire, mes Frères, et parcourons à la hâte, pour notre édification, cette grande page du livre de vie, que la main de Dieu écrit continuellement sur la terre.

Neuf siècles avant la venue du Messie, sur les montagnes solitaires de la Palestine, dans le royaume de la tribu d'Issachar, apparaît tout à coup un homme extraordinaire. Les anges, nous dit saint Epiphane, ont plané sur son berceau et l'ont nourri de flamme au lieu de lait. L'enfant, qui s'appelait Elie, a grandi et, en effet, le feu, un feu mystérieux, semble le dévorer. Il lutte contre les rois impies, il renverse les autels des faux dieux, il voit le Seigneur et il lui parle intimement comme Moïse, il ressuscite des morts sur sa route, il annonce des évènements qui changeront la face de la terre et il monte au ciel sans passer par le sépulcre, enlevé sur un char enflammé. Sa vie qui a été tout entière une merveille de silence, de pénitence et de prière, s'est écoulée dans les solitudes du Carmel, et par la volonté de Dieu cette vie ne disparaît pas avec lui. En quittant la terre, il laisse à son disciple bien-aimé Elisée son double esprit : la lumière prophétique et le don des miracles, son amour de la pénitence et son zèle pour la gloire du Créateur. Elisée vit comme lui d'une manière merveilleuse, semant les prodiges sur son passage, faisant courber les têtes royales sous son regard; mais, comme son maître et son père, il aime les hauteurs du Carmel et, quand il meurt, le Carmel n'est plus une solitude. Il y a là une foule d'hommes consacrés au travail, à la prière, à la pénitence, vivant loin du monde, adorant Dieu dans l'esprit de la loi, prêchant la chasteté et la miséricorde, la patience et la charité. Sur la montagne on les appelle les Enfants des Prophètes; dans la plaine on les nomme les Esséniens. Quand Marie vient au monde, ils reconnaissent en elle la réalisation de la vision prophétique d'Elie, la nuée mystérieuse montant de la mer, se déployant dans le ciel et inondant la terre d'une pluie bienfaisante. Quand le Fils de Dieu fait homme commence ses courses apostoliques, ils descendent dans les vallées et sur les collines de la Galilée pour l'entendre, et ils acclament dans leur cœur sa nature et sa mission divine. Puis, après le Calvaire, ils se retrouvent sur le Carmel plus nombreux, plus fervents que jamais. Baptisés et confirmés dans l'Esprit-Saint, ils se font les coopérateurs des Apôtres et, pendant que ceux-ci s'élancent à la conquête du monde, ils offrent pour le triomphe de la Bonne Nouvelle leurs prières, leurs sueurs et leurs larmes. Quelques-uns se font apôtres eux-mêmes par leurs écrits, et plusieurs Pères de l'Eglise, en Orient surtout, se font gloire d'appartenir à cette légion vaillante de la contemplation et du sacrifice. « Nous menons au Carmel, écrivait l'un d'eux, » saint Cyrille d'Alexandrie, une vie qu'il est » bien juste de dire admirable : les Frères habitent séparément, quoique formant une » même famille, et ils trouvent leurs chastes » délices dans la méditation continuelle des » saintes Ecritures. » — « Des milliers de solitaires, ajoute un autre Père de l'Eglise, en- » fermés dans les grottes du Carmel comme » des abeilles dans leurs ruches, distillent en » paix et avec amour le miel suave de la con- » templation. »

C'est au IVe siècle, mes Frères, que les Pères de l'Eglise font ainsi l'éloge des solitaires du Carmel, et le mouvement continue en grandissant jusqu'au XIIe siècle. Au XIIe siècle, un évènement considérable se passe, les Croisades commencent, l'Occident se jette en Orient, et les enfants de l'Eglise latine viennent se mêler aux enfants de l'Eglise grecque sur cette montagne qui semble toucher le ciel. Le pieux troupeau devient une légion et une organisation régulière s'impose. Saint Berthold, premier Prieur du Carmel, cède sa place à saint Brocard, et saint Brocard, sous l'impulsion et avec le secours de saint Albert, Patriarche de Jérusalem, rédige une Règle conforme aux coutumes déjà établies et à l'esprit généreux qui anime toutes ces âmes d'élite. C'est la proclamation de la Loi pour le peuple élu de Marie, et le Carmel mieux organisé, plus fervent que jamais, entre dans une ère nouvelle. L'Ordre se répand en Orient d'abord, puis sous la double influence de la persécution grandissante des sectateurs de Mahomet et de la protection chevaleresque des Croisés, il franchit les mers et il passe en Europe, en Italie d'abord, puis en Angleterre et en France.

Saint Louis entrant dans la baie de Saint-Jean-d'Acre, nous racontent les Chroniques de l'Espagne, est assailli tout à coup par une tempête effroyable. Les matelots luttent avec acharnement pendant plusieurs heures, mais les éléments l'emportent et le naufrage paraît inévitable. C'est au milieu d'une nuit profonde et tout semble perdu, quand le fils de Blanche de Castille entend tout à coup le son d'une cloche. « Qu'est cela? » dit-il au Sire de » Joinville. — « C'est, répond le Chevalier, la » cloche des Religieux du Mont-Carmel. » Le pieux monarque, se souvenant alors que cet Ordre est consacré à la Vierge Marie, tombe aussitôt à genoux et promet à Notre-Dame du Mont-Carmel de fonder un Couvent de son Ordre à Paris, s'il échappe au naufrage. En un instant la tempête s'apaise, et quand le Roi-Chevalier repart pour son royaume, il amène avec lui six Religieux de la sainte montagne, qui fondent à Paris, en 1253, le premier Carmel de France.

L'Ordre de Marie, c'est ainsi qu'on l'appelait déjà, ainsi définitivement établi en Europe, continue à vivre conformément à la Règle de saint Albert. C'est toujours la vie contemplative, la vie de solitude, de prière et de pénitence. Un article de cette Règle célèbre est ainsi conçu : *Maneant Fratres singuli in cellulis suis, die ac nocte in lege Domini meditantes et in orationibus vigilantes,* et cet article fondamental restera sacré dans l'Ordre du Carmel jusqu'à la fin des siècles. Toutefois un changement s'opère peu à peu nécessairement. C'est au XIIIe siècle que les Carmes prennent possession de l'Europe, et le XIIIe siècle, c'est le siècle des cathédrales gothiques et des Sommes théologiques et philosophiques, c'est le siècle par excellence de l'enseignement et de l'apostolat; malgré lui donc l'Ordre nouveau entre dans ce mouvement à la fois intérieur et extérieur. Quand je dis malgré lui, je me trompe; il y entre librement et providentiellement. C'est un Saint, un grand Saint, l'élu par excellence du Christ et de Marie, saint Simon Stock, qui propose dans un Chapitre Général quelques modifications à la Règle, afin de permettre aux enfants du Carmel de sortir un peu de la solitude et de prendre place à côté des Ordres mendiants, qui en ce moment remplissent le monde de leurs travaux et de leur gloire. Les Pontifes de Rome, malgré une tempête d'oppositions et de résistances, prennent sous leur protection souveraine l'Ordre de Marie. Honorius III en approuve l'établissement en Europe; Innocent IV confirme les décisions prises par le saint Général et adoptées par le Chapitre, et met par une Bulle solennelle le sceau de son pouvoir suprême à la Règle ainsi modifiée de saint Albert. Marie, qui a inspiré tout ce qui s'est fait, trouve que ce n'est pas encore assez; elle apparaît à saint Simon, son apôtre de prédilection, et, comme elle avait donné la Croix à saint François d'Assise et le Rosaire à saint Dominique, elle lui donne pour son Ordre, et pour les amis de son Ordre, le Scapulaire, ce signe sacré de sa protection et de son amour, ce vêtement tombé du ciel, *Vestis e cœlo data,* cette blanche étole de grâce, *Stola alba*, comme l'appellera un jour un docteur mystique du Carmel.

Fort de ces protections et de ces bénédictions, l'Ordre de la Très Sainte Vierge se dilate et se déploie merveilleusement. Toutes les contrées, toutes les cités de l'Europe, se disputent la gloire de le connaître et de l'abriter, et. pour mettre le comble à ses triomphes, le ciel lui accorde la plus grande gloire qu'il puisse accorder à une famille religieuse, celle de produire des Saints : saint Pierre Thomas, l'illustre Légat du Saint-Siège, saint André Corsini, l'évêque modèle de Fiesole, saint Avertan, le fils de l'obéissance, *Filius obedientiæ,* comme l'appelleront ses Frères, saint Théodoric de Venise, l'apôtre de la pénitence, saint Ange de Jérusalem, l'ami extatique de saint François et de saint Dominique, le Bienheureux Jean Soreth, le vaillant, l'invincible Jean Soreth, qui, par la fondation des Carmélites et par l'approbation du Tiers-Ordre obtenue du Pape Nicolas V, apportera ses deux derniers fleurons à la couronne mystique de Notre-Dame du Mont-Carmel. Toutes ces grandes âmes, et bien d'autres que je n'ai pas le temps de nommer, se lèvent comme des astres radieux sur le tombeau de saint Simon Stock et, montant à l'horizon des siècles, donnent à l'Ordre un tel éclat et une extension si prodigieuse, qu'au témoignage de Guillaume, Archevêque de Tyr, on put compter à cette époque triomphale plus de sept mille Monastères et près de deux cent mille Religieux.

C'était beaucoup, mes Frères, c'était trop pour l'Observance religieuse. Aussi ne faut-il pas s'étonner si tout à coup, au sein du concert universel que le Carmel faisait monter vers

Dieu, un cri d'alarme retentit. C'était un nouveau Jérémie qui pleurait sur la nouvelle Jérusalem déchue : *Quomodo obscuratum est aurum?* « Comment l'or pur s'est-il transformé en un » métal vulgaire? » s'écriait le Père Nicolas de France, dans un livre qu'il avait intitulé : *La flèche de feu, Ignea sagitta,* et qui se terminait par ces paroles terribles : *Præterita recolo, præsentia considero, futura pertimesco.* « Je médite » notre passé, je considère notre présent, je » tremble pour notre avenir. »

Quoi donc, mes Frères, est-ce qu'il allait mourir l'Ordre de la Très Sainte Vierge? Non, non, il allait grandir, au contraire, il allait se transformer une seconde fois et toucher enfin à sa plénitude. Pour quiconque voit les choses au fond et non pas seulement à la surface, il est facile, en effet, de comprendre que les ombres et les défaillances, les relâchements même et les abus n'empêchaient pas le Carmel de monter encore. Que fallait-il pour que cette ascension continuât et pour que l'Ordre d'Elie et de Marie reçût cette forme définitive qu'il devait garder à jamais? Il fallait un génie et un Saint. Or, mes Frères, Dieu dans sa miséricorde donna au Carmel plus que le nécessaire pour l'œuvre qu'il fallait accomplir : il lui donna deux génies et deux Saints; j'ai nommé Thérèse de Jésus et Jean de la Croix.

Vous voyez la place que Dieu leur avait faite dans l'Ordre du Carmel; vous allez voir maintenant l'œuvre qu'ils accomplirent. Cette œuvre est tout entière dans ces deux mots : ils confirmèrent le passé et ils fondèrent l'avenir. Ils firent ce que le Christ Jésus avait fait en venant au monde, en prêchant sa doctrine et en mourant sur la Croix; ils confirmèrent la loi et les prophètes, et ils fondèrent dans leur Ordre le nouveau royaume de Dieu.

Sainte Thérèse commença. Ame sublime entre toutes, réunissant en elle toutes les noblesses de la nature et toutes les élévations de la grâce, docteur dans les voies les plus sublimes de la vie mystique, douée du don de prophétie et de la grâce des miracles, assez élevée par l'esprit pour tout comprendre, assez large par le cœur pour tout embrasser, assez forte par le caractère et par la vertu pour tout entreprendre et pour tout souffrir, elle était capable de saisir mieux que personne ce que Dieu voulait du Carmel. Elle jeta un coup d'œil synthétique sur les siècles passés; elle vit à travers les temps les disciples d'Elie et d'Elisée vivant dans la solitude et la prière; elle sonda la sagesse qui avait présidé à l'établissement de la Règle de saint Albert et elle comprit l'excellence de cette vie d'oraison et de sacrifice dans le silence. D'autre part, elle remarqua par quelles circonstances providentielles les Religieux du Carmel avaient été amenés en Occident; elle se souvint des révélations nombreuses de Marie à cet égard; elle assista par l'esprit à la scène merveilleuse où la Vierge des vierges apparaissant à saint Simon Stock lui avait donné le précieux Scapulaire; elle entra dans la pensée des Souverains Pontifes chargeant deux Cardinaux Prêcheurs, Hugues de Saint-Cher et Guillaume d'Anthère, de faire à la Règle de saint Albert les modifications nécessaires « pour rendre possi- » ble, selon le mot d'un historien de l'Ordre, » aux enfants du Carmel la part de vie active à » laquelle ils allaient être tenus, en prenant » place dans l'Eglise à côté des Ordres men- » diants et apostoliques de saint Dominique, » de saint François et de saint Augustin », et, dans la sérénité de la lumière qui inondait sa grande âme, elle comprit quelle splendeur nouvelle allait acquérir son Ordre et quelle gloire il allait procurer à Dieu, si une Réforme s'accomplissait de manière à unir à la pratique des observances primitives le zèle apostolique des temps nouveaux. Elle consulta tout ce qu'il y avait alors de plus éclairé et de plus célèbre dans l'Ordre de saint Dominique, dans l'Ordre de saint François, dans la Compagnie de Jésus qui venait de naître et qui déjà rayonnait dans le monde entier, et, toutes ces grandes voix approuvant son dessein comme un dessein inspiré par la grâce divine, elle fonda comme point de départ son Couvent de Saint-Joseph d'Avila, et elle attendit l'homme de Dieu qui lui permettrait de réaliser ses magnanimes projets dans toute leur plénitude. En attendant, elle communiquait à ses filles la flamme qui embrasait son cœur. « La fin que Notre-Seigneur s'est proposée » en nous réunissant, disait-elle à ses Carmé- » lites d'Avila, c'est le salut des âmes. En por- » tant mes regards sur les grands maux causés » par les hérétiques de nos jours, il m'a semblé » qu'il ne fallait rien moins à l'Eglise de Dieu » qu'une armée d'élite organisée pour briser » l'effort de l'hérésie et arrêter ses progrès. » Elle insistait à tout propos pour leur faire comprendre comment par leurs prières elles devaient obtenir « qu'il n'y eût pas un seul chré- » tien passant à l'ennemi et que tous les prédi- » cateurs et les théologiens eussent la science, le » courage, la vertu nécessaires pour convertir » les pécheurs. C'est à cela, mes filles, s'écriait- » elle, que nous devons rapporter sans cesse » nos oraisons, nos disciplines et nos jeûnes. » Dès le jour que vous cesserez de rapporter » tout cela à ce but apostolique, sachez que » vous ne faites plus ce que Jésus attend de » vous et que vous ne remplissez pas la fin » pour laquelle il vous a réunies au Carmel. »

Ce qu'elle disait à ses filles et à ses sœurs, elle le disait d'ailleurs avec la même éloquence, à travers les grilles, à ceux de ses frères qui la visitaient et elle leur prêchait avec tant d'enthousiasme ce nouvel esprit, cet esprit apostolique de la divine charité, qu'un mouvement de ferveur parallèle à celui des premières Carmélites-Déchaussées commençait à se produire dans les Couvents des Carmes. Sainte Thérèse le voyait et s'en réjouissait, comprenant, dans la largeur de son esprit et dans la sainte ambition de son zèle, que jamais les frères ne pourraient être séparés de leurs sœurs et que la grande œuvre de la Réforme ne se ferait pas d'une manière efficace, si elle n'embrassait pas l'Ordre tout entier. Une heure vint enfin où le terrain était prêt. Il ne manquait plus que l'ouvrier, et l'ouvrier, vous le connaissez déjà et vous le connaîtrez désormais davantage, c'est saint Jean de la Croix.

Amené à sainte Thérèse, saint Jean de la Croix, âgé seulement de vingt-six ans, mais parvenu déjà au suprême degré de la perfection religieuse, écoute, comprend, se recueille, se lève et se met à l'œuvre avec une possession de lui-même qui ne se démentira pas un instant jusqu'à la fin de sa vie. L'œuvre commence et rien n'est admirable comme de voir avec quelle sagesse d'esprit, avec quelle constance de volonté, avec quelle abnégation de lui-même et quelle absolue confiance en Dieu, le Saint marche à son but. Il regarde Jésus-Christ sur la croix, il l'interroge dans le silence profond de son âme, et c'est à lui qu'il demande et c'est de lui qu'il reçoit le secret de tout concerter et de tout organiser, de raffermir toutes ces pierres branlantes et pourtant magnifiques du Carmel antique, et d'en faire sortir cette cité de Dieu qui sera le nouveau Carmel.

Quand le Christ avait fait son œuvre, quand il avait fondé l'Eglise après avoir confirmé et achevé la loi et les prophètes, il avait créé dans le monde par son esprit trois magnifiques sources de grâce qui ne devaient jamais s'épuiser : une source de pureté qui devait engendrer les vierges, une source de lumière qui devait produire les docteurs et une source de force qui devait enfanter les apôtres et les martyrs. Puis il avait donné à l'Eglise deux puissances divines : la prière et la parole, la prière qui devait prendre cette pureté, cette lumière et cet amour et les porter dans le Cœur de Dieu pour les transformer en grâce, et la parole qui devait ébranler les âmes et les ouvrir comme de force aux flots débordants de cette grâce de Dieu. C'est de tout cela, mes Frères, qu'avait été fait l'apostolat catholique, c'est de tout cela que devait être fait l'apostolat du Carmel. L'âme de cet apostolat, c'est un esprit à la fois de vie intérieure et de vie extérieure, mais de vie intérieure avant tout et surtout, de manière à ce que la vie extérieure ne soit que l'épanchement du trop plein de la vie intérieure. C'était le double esprit d'Elie, c'était le double esprit de Marie en qui s'unirent si harmonieusement la vie contemplative et la vie active apostolique; comment ne serait-ce pas le double esprit des enfants d'Elie et de Marie? Saint Jean de la Croix le comprend mieux qu'on ne l'avait jamais compris dans son Ordre. Cette idée grandit, se développe, s'épanouit splendide dans son âme sereine; c'est pour elle qu'il écrit, c'est pour elle qu'il prêche, c'est pour elle qu'il voyage, c'est pour elle qu'il souffre et qu'il meurt. C'est pour la faire triompher dans la vie de ses Frères qu'il endure le martyre de Tolède, et c'est pour la faire triompher dans la vie de ses Sœurs qu'il endure le martyre d'Ubeda. Et Dieu l'exauça, mes Frères; c'est par le sang, c'est par la croix qu'il triomphe, comme son Maître et son Dieu. C'est au lendemain de son martyre de Tolède, le 22 juin 1580, que la Réforme est reconnue pour les enfants du Carmel par un acte solennel de Grégoire XIII, et c'est au lendemain de son martyre d'Ubeda, en 1592, que les Constitutions définitives de la Réforme, pour les Religieuses comme pour les Religieux de l'Ordre, sont approuvées, confirmées et consacrées par l'autorité suprême du Pontife de Rome (1).

L'œuvre était finie, mes Frères, elle était bien finie. L'année suivante les Carmes de la grande Observance réunis au fameux Chapitre de Crémone consentirent à la séparation, c'est-à-dire qu'ils s'inclinèrent vaincus et ravis, comme ils l'avouèrent eux-mêmes dans des discours solennels, devant le triomphe de la Réforme. Ils cédèrent le pas au nouveau Carmel et

(1) Les Constitutions des Carmélites avaient déjà été approuvées explicitement et solennellement en 1590 par Sixte V et en 1591 par Grégoire XIV. En 1592, Clément VIII leur donna seulement une approbation implicite dans le Bref confirmant les Constitutions des Carmes-Déchaussés.

ce fut le nouveau Carmel qui fut désormais, aux yeux des anges et des hommes, l'Ordre de Marie, selon le nom que Jésus-Christ avait consacré lui-même en disant à sainte Thérèse : « Ton Ordre est l'Ordre de ma Mère. » Que manquait-il encore, mes Frères, à l'Ordre du Carmel ainsi achevé ? Une seule chose, la protection céleste des deux âmes séraphiques qui l'avaient fondé. Cette protection ne lui manqua pas. Saint Jean de la Croix et sainte Thérèse continuèrent à veiller sur leur chère famille; ils apparurent plusieurs fois aux Fondateurs et aux Fondatrices des nouveaux monastères pour leur rappeler leur esprit, et, grâce à eux, cet esprit ne devait plus mourir.

Comme saint Jean de la Croix et sainte Thérèse l'avaient voulu, la pénitence et la solitude restèrent à la base de la vie du Carmel; mais, comme ils l'avaient voulu aussi, la pureté, la lumière et l'amour jaillirent de cette solitude et de cette pénitence, et, portés par la prière et la parole, vinrent tomber comme un flot nouveau dans ce grand fleuve de grâce apostolique qui entraîne les âmes dans l'océan du Cœur de Dieu. Les vierges se multiplièrent, et les anges du paradis, inclinés sur la terre, purent entendre les gémissements et les supplications qui montaient du sanctuaire des cloîtres séraphiques. Les docteurs se multiplièrent, et, de Salamanque où florissaient des écoles célèbres, jusqu'à Rome où les Vicaires du Christ s'inspiraient du conseil des Carmes-Déchaussés, on s'illumina aux grandes clartés des fils de saint Jean et de sainte Thérèse. Les apôtres se multiplièrent, et, des confins du Nord jusqu'aux extrémités de la Perse, on vit passer, vaillants jusqu'à l'exil et forts jusqu'à la mort, ces nouveaux et sublimes porteurs de la Bonne Nouvelle. Et ce qui s'est fait se fait encore et, on peut l'espérer, se fera longtemps en France et partout. Le Carmel a reparu au lendemain de ces révolutions épouvantables qui, au dernier siècle, avaient bouleversé le monde, et c'est bien toujours le même Carmel. Les conditions d'existence ont pu changer, l'esprit de saint Jean de la Croix et de sainte Thérèse est demeuré le même. C'est toujours la solitude et la pénitence; c'est toujours la pureté, la lumière et l'amour; c'est toujours la prière des sœurs aidant la parole apostolique des frères, c'est toujours la parole des frères se réchauffant à une prière embrasée comme celle des sœurs; c'est toujours le Carmel enfin, dominant la mer et se dressant dans l'espace, commandant aux flots orageux de l'océan des passions humaines, et s'élevant calme, radieux, immobile dans ces régions sublimes où l'on touche le ciel.

Je m'arrête, mes Frères, car il me semble entendre monter de la terre et descendre des cieux un double et immense cantique, que vos âmes seront heureuses sans doute d'écouter en paix. C'est le double *Te Deum* de ce Centenaire, et il dit mille fois mieux que nous tout ce que nous avons essayé de dire.

L'un est chanté par toutes les âmes consacrées, groupées autour de la Vierge du Carmel dans l'exil de ce monde : *Te Deum laudamus, te Dominum confitemur!* Seigneur, qui nous avez retirées des vanités du siècle pour nous faire vivre dans ces bénis sanctuaires, nous vous louons, nous vous confessons, Dieu Tout-Puissant!

L'autre est chanté par cette légion glorieuse que la Reine du Carmel a couronnée dans les splendeurs du Paradis : *Sedenti in throno et Agno, benedictio et honor et gloria et potestas!* A l'Agneau couronné et vainqueur, qui nous a pris dans les bras de Marie et nous a placés dans les éternelles demeures, bénédiction, honneur, puissance et gloire!

Et dans ces deux concerts une note domine plus belle, plus harmonieuse, plus éclatante que toutes les autres en ce grand jour de fête :

A celui qui fut la gloire du Carmel de la terre, et qui aujourd'hui est la couronne du Carmel du ciel, au fils de Marie et au frère du Christ, au fils de Marie dont il fut aussi le disciple dévoué, et au frère du Christ dont il a été l'image radieuse, à notre Bienheureux et Séraphique Père saint Jean de la Croix, reconnaissance et amour, honneur et louange dans les siècles des siècles! Ainsi soit-il.

17476 — Laval, imprimerie Chailland.

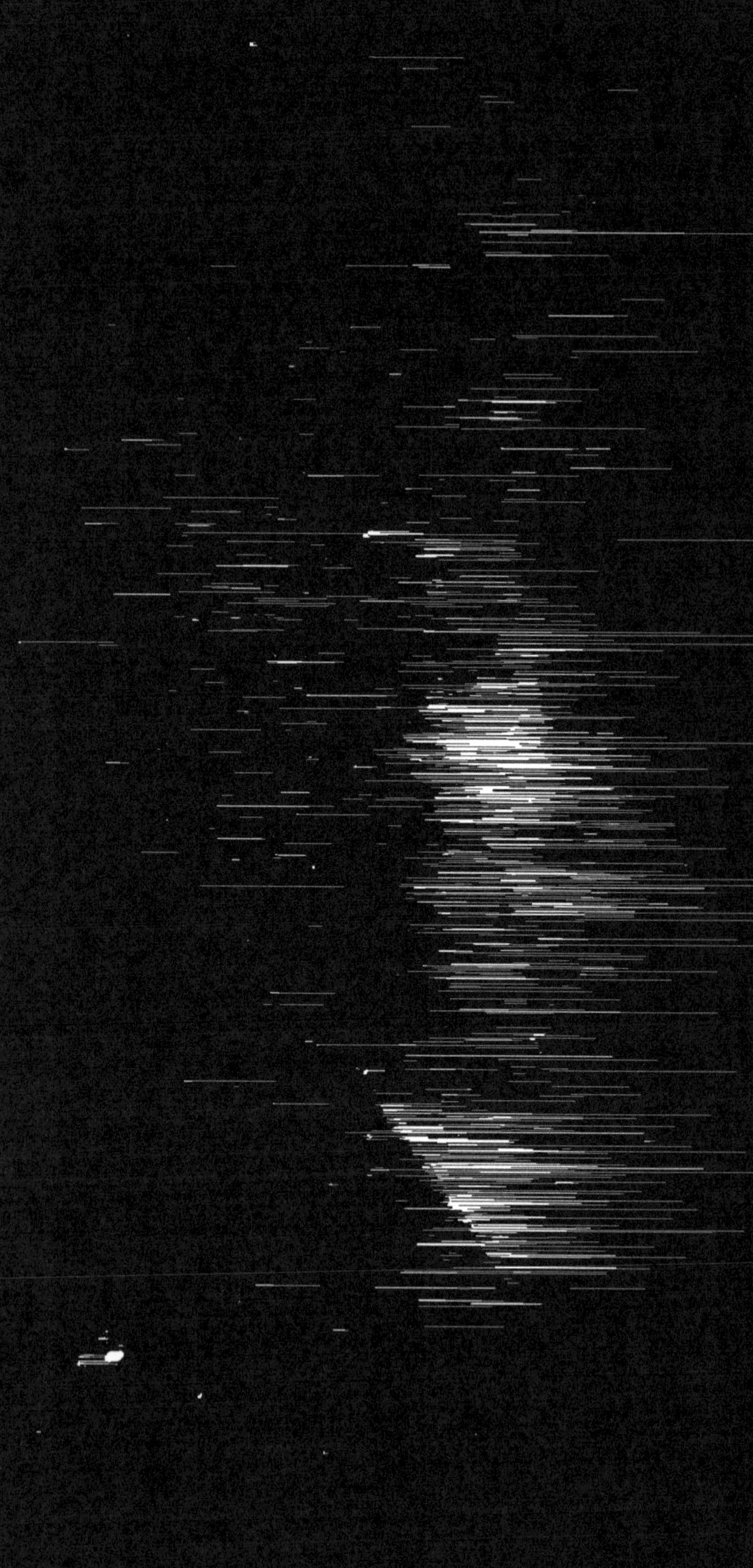

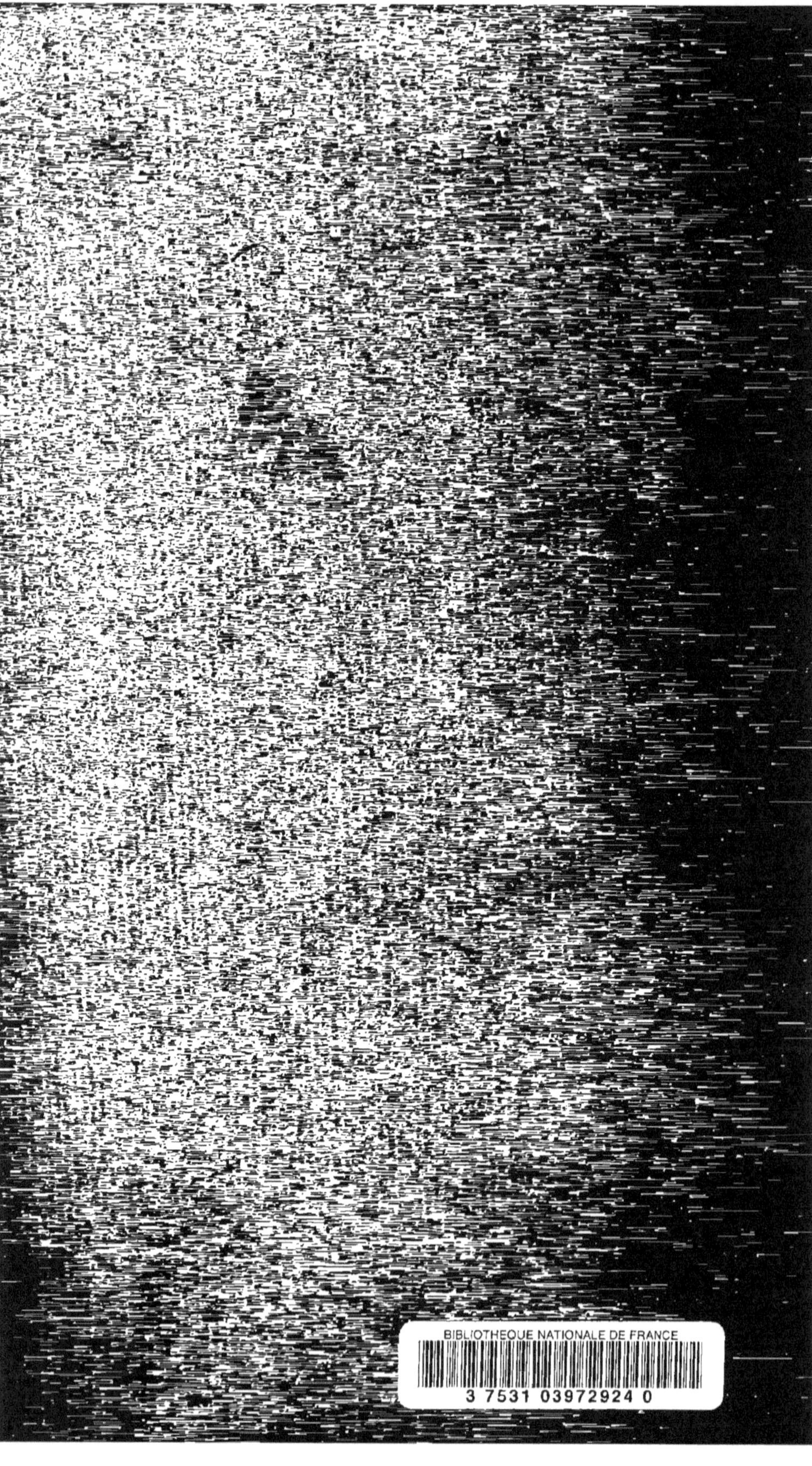
BIBLIOTHEQUE NATIONALE DE FRANCE
3 7531 03972924 0

www.ingramcontent.com/pod-product-compliance
Lightning Source LLC
LaVergne TN
LVHW020346230826
846091LV00003B/1005

9782011745200